GCSE PASSBOOK

FRENCH

Ruth Beattie

First published 1988
by Charles Letts & Co Ltd
Diary House, Borough Road, London SE1 1DW

Illustrations: Michael Renouf

British Library Cataloguing in Publication Data
Beattie, Ruth
    French. — (Key facts. GCSE passbooks).
    1. French language — Textbooks for
    foreign speakers — English
    I. Title II. Series
    448   PC2112

ISBN 0 85097 800 9

Printed and bound in Great Britain by
Charles Letts (Scotland) Ltd

Contents

Introduction and guide to using the book

This book is a revision aid for a GCSE examination in French. It offers you a directed and systematic programme of revision. Although it does not cover the subject matter comprehensively it does include all the main items required by each syllabus for the basic level exams.

The main section is divided into twenty-three topic areas. Start at the first topic and work through them in order as each builds on what you have already encountered. Each topic begins with a list of useful words and phrases. Learn these thoroughly and you will have an excellent grasp of the vocabulary required for that topic area. Careful learning is very important. Next some grammatical explanations are given and exercises to check that you have understood them. These are followed by a variety of questions, dialogues, role-playing and letter-writing tasks. Try to learn by heart some of the shorter dialogues or role-playing tasks as this will help you to remember grammar and vocabulary. When answering questions, answer in English if the questions are in English, answer in French if the questions are in French. Give as much relevant information as you can, for example if you are asked *When?* give the time as well as the date if both are mentioned in the text you are studying. Read dialogues right through at least once before attempting the questions on them and always check your work thoroughly at the end of an exercise. This is a most important and useful habit to form.

When you have finished each topic, check your answers from the answer section at the end and make sure you have a second look at any questions you got wrong. If you find a particular task difficult it may be worth your while to check your answers to that exercise as soon as you have finished it, before going on with the rest of the topic. This will give you a chance to put right anything you have not understood.

If you know a French person you could try to persuade them to read the lists of words and phrases, also the dialogues and role-playing tasks, and record them, to help you with pronunciation. Remember that role-playing tasks will be dealt with in the *oral* examination so bear this in mind when working out your answers and practise saying them, not just noting them down. Another way of improving your listening and speaking skills is to listen to some of the many radio and television programmes broadcast for your level of French. Ask your French teacher to recommend some.

There is no vocabulary list at the end of the book, partly because small dictionaries are easily obtainable for quick checking of a word and partly because you should try to use words as part of a phrase in living language, rather than in isolation.

GCSE French aims to be interesting and relevant to *you*. It focuses on the skills and language you will need on a visit to a French-speaking country or when meeting French visitors. I hope you will find this book useful in making your language learning rewarding and worthwhile.

Points to note about GCSE French

There are four areas in language learning each of equal importance and they obtain equal allocation of marks. They are listening, reading, speaking and writing.

Topic areas   Each syllabus for GCSE clearly defines and limits the topic areas you will need to study and there is a great deal of common ground between all the syllabuses. The main section of this book contains a chapter devoted to each, practising each of the four skill areas.

Listening   In the examination you will hear a tape of native French speakers and be expected to show that you understand specific details in announcements, instructions, requests, monologues (e.g. weather forecasts, news items) interviews and dialogues. The questions will be in English and should be answered in your own words in English. There may also be some multiple-choice questions and the answers given for these could be in French. The listening exams will test your understanding rather than memory.

Reading   You will have to show that you understand public notices and signs (e.g. menus, timetables, advertisements) and are able to extract specific information from simple brochures, guides, letters, etc which reflect the interests and are within the experience of an average 16-year old. The questions will be in English and you will answer them in your own words in English. There may be a multiple-choice test and probably the questions for this type of test will also be in English.

Speaking   In the general conversation you will have to respond to unprepared questions in French. The questions are not specified in advance but because the topic areas are closely defined you can practise the types of question likely to be asked. You will also have to perform role-playing tasks. You will need to pronounce French sounds well enough for a sympathetic native speaker to understand. This test will probably be conducted by your teacher and it may be taped.

Writing   You will carry out some writing tasks which may include for example a simple letter in reply to a letter in easily comprehensible

French, or to instructions in English, and short messages (postcards, lists, notes). The letters may either be formal or informal. At the higher level you will do some continuous writing on a picture or diagram or series of pictures.

The examinations   There will be two sessions, no longer than two hours each, plus an oral test. For each of the skill areas (listening, reading, speaking and writing) there are normally two levels of exam: basic level and higher level.

Three exams are compulsory, those of basic level listening, reading and speaking, which are called the 'common core'. These lead to grades E, F, or G depending on your performance. To be eligible for a grade D you would need to take an additional test as well; either basic level writing or the higher level in any of the four skill areas. If you took basic writing and one additional test you could get a grade C. For grades A and B candidates need to take the higher level writing test as well as other higher level tests.

The basic principle is that the exams should consist of tasks which are authentic and valuable outside the classroom. Authentic French is used although it is very carefully selected and may have been simplified or edited.

In this chapter we will revise giving information about yourself, asking others for similar information and describing yourself.

Useful words and phrases

Je m'appelle...	My name is...
une carte d'identité	identity card
le nom	surname
le prénom	first name
né(e)	born
les cheveux	hair
les yeux	eyes
la taille	height
le poids	weight
la date de naissance	date of birth
un intérêt	interest
le caractère	character
un étudiant	student
et toi?	What about you?
Monsieur	Mr
Madame	Mrs
Mademoiselle	Miss
le garçon	boy
la fille	girl
le pays	country
la ville	town

Your interests

J'aime	I like
J'adore	I love
Je n'aime pas	I don't like
Je déteste	I hate
J'aime écouter des disques.	I like to listen to records.
Je déteste regarder la télévision.	I hate watching television.
Je n'aime pas aller en ville.	I don't like going into town.
J'adore nager/	I love to swim
jouer au football/jouer au tennis	to play football/tennis/
faire mes devoirs/	to do my homework/
lire le journal/	to read the newspaper/
aller aux discos/	to go to discos/
la lecture/la natation/le football/	reading/swimming/football/
la musique moderne	pop music

Describing yourself

Je suis grand(e)/petit(e).	I'm tall/small.
Je suis mince/gros(se).	I'm thin/fat.
Je suis calme.	I'm quiet.
sage	good
timide	shy
sportif (sportive)	sporty
assez	quite
sympathique	nice/kind
Je suis très gentil(le).	I'm very nice.
bavard(e)	talkative
beau/belle	handsome/beautiful
J'ai les cheveux bruns/	I've got brown/
noirs/blonds/roux.	black/blond/red hair.
J'ai les cheveux courts/longs.	I've short/long hair.
J'ai les cheveux frisés/plats.	I've curly/straight hair.
De quelle couleur est/sont . . . ?	What colour is/are . . . ?
J'ai les yeux bleus/verts/bruns.	I've got blue/green/brown eyes.
Je porte des lunettes.	I wear glasses.
Comment est/sont . . . ?	What is/are . . . like?
Je mesure 1 mètre 63.	I'm 1 metre 63 tall.
Je pèse 60 kilos.	I weigh 60 kilos.

Points to remember

Words describing a feminine noun e.g. **la** fille or **une** fille generally
have an 'e' at the end, for instance: la fille est petit**e**.
    Words describing a plural noun e.g. les cheveux, des cheveux,
generally have an 's' at the end, for example: les cheveux long**s**; les
yeux vert**s**.
    If they are feminine and plural add 'es', for example: les filles sont
petit**es**.
    Usually words describing a noun come after it in French e.g. les
cheveux bruns, brown hair; une moustache noire, a black moustache.

Questions and answers to practise

What's your name? Comment t'appelles-tu? Je m'appelle Adrian
Mole.
How old are you? Quel âge as-tu? J'ai seize ans.
Where do you live? Où habites-tu? J'habite Hertford en Angleterre.
What's your address? Quelle est ton adresse?
What's your telephone number? Quel est ton numéro de téléphone?
C'est le 26.19.52.
Where were you born? Où es-tu né(e)*? Je suis né(e)* à Londres.
What year were you born? En quelle année es-tu né(e)*? Je suis
né(e)* en 1972.

When's your birthday? Quelle est la date de ton anniversaire? C'est
le deux avril.
What nationality are you? Quelle est ta nationalité? Je suis
anglais(e)*.
What do you do as a job? Que fais-tu comme métier? Je suis
étudiant(e)*.
What do you like doing? Qu'est-ce que tu aimes faire?
J'aime regarder la télévision, aller en ville et lire.
* An extra 'e' is required for the feminine form for girls.

Une carte d'identité

Here is some information from your penfriend's identity card. Read it
through then answer the questions.

Nom	Dupont
Prénom	Roland
Né le	23/8/1972 à Paris
Âge	15 ans
Adresse	7, Rue du Mont Gosse
	74560 Annemasse, France
Numéro de téléphone	(50) 55 49 21
Nationalité	Française
Profession	Etudiant
Cheveux	Bruns
Yeux	Verts
Taille	1 mètre 63
Poids	59 kilos

Questions

A 1 What is his surname?
2 When is his birthday?
3 How old is he?
4 What nationality is he?
5 What does he do?
6 How much does he weigh?
7 How tall is he?
8 What colour eyes does he have?
Imagine you are asking Roland some questions about himself the
first time you meet. What questions would you have to ask for him to
give you these answers?
B 1 Roland Dupont
2 15 ans
3 Annemasse
4 7, Rue du Mont Gosse, 74560, Annemasse
5 55 49 21

6 À Paris
7 le 23 août
8 Française
Now make up a similar identity card about yourself.

Further practice

Match the following phrases 1–7 about interest and character with
their meanings A–G.
C 1 J'aime lire le journal.   A I love going into town.
   2 Je déteste la natation.   B I'm quiet and shy.
   3 J'adore aller en ville.   C I hate swimming.
   4 Je n'aime pas écouter   D I like reading the newspaper.
      les disques.
   5 Je suis calme et timide.   E I'm quite talkative and sporty.
   6 Je suis assez bavard et   F I don't like listening to
      sportif.   records.
   7 Je suis très sympathique.   G I'm very nice.

   You are applying for a French penfriend. Fill in the answers on the
following questionnaire.
Nom
Prénom
Fille ou Garçon
Classe
Âge
Date de naissance
Adresse
Numéro de téléphone
Nationalité
Intérêts
Caractère
Signature

Dialogue

D Make up your part in the following dialogue, in which you are
meeting your penfriend's friend.
Salut! Je m'appelle Claude Lenoir, Et toi?
– Tell him your name.
Quel âge as-tu?
– Tell him you are sixteen.
Tu es américain ou anglais?
– Say you're British.
D'où viens-tu en Angleterre?
– Tell him where you live.
Où es-tu né?
Say you were born in London.

Qu'est-ce que tu aimes faire?
– Say you like watching television, listening to records and reading the newspaper.
– And ask 'What about you?'
Oh, j'adore jouer au football et aller aux discos.

Describing yourself

E You phone your penfriend who is meeting you at the airport in order to give a description of yourself so that he will recognize you. You prepare what you intend to say in advance. You are quite tall, you have short black hair, brown eyes and you wear glasses. Which of the following descriptions is most accurate?
1 Je suis assez grand, j'ai les cheveux bruns et frisés et les yeux bruns. Je porte des lunettes.
2 Je suis grand, j'ai les cheveux courts et noirs et les yeux bleus. Je porte des lunettes.
3 Je suis assez grand. J'ai les cheveux courts et noirs et les yeux bruns. Je porte des lunettes.
F Then your sister speaks. She is small and thin and has long blond hair and blue eyes. What will she say?
G This is how the phone call goes. Fill in your replies.
Ah, Salut toi. Alors, est-ce que tu es grand ou petit? ....
Comment sont tes cheveux? ....
Et de quelle couleur sont tes yeux? ....
Et tu porteras un anorak rouge n'est-ce pas? ....

2 Family and home

In this chapter we will revise talking about your family and describing your home. We will also revise some verbs.

The family

Useful words and phrases

le copain/la copine	boyfriend/girlfriend
un enfant	child
la fille/le fils	daughter/son
le grand-père/la grand-mère/	grandfather/grandmother/
les grands-parents	grandparents
le mari	husband

cadet/aîné	younger/elder
jeune/vieux(vieille)	young/old
Je suis fils/fille unique.	I'm an only child.
J'ai deux frères qui s'appellent Pierre et Marc.	I've got two brothers called Pierre and Marc.
Il y a cinq personnes dans ma famille: mon père, ma mère, mon frère, ma soeur et moi.	There are five people in my family: my father, mother, brother, sister and me.

The home

Describing your house

la chambre	bedroom
la cuisine	kitchen
la salle à manger	dining room
la salle de bains	bathroom
le salon	living room
les toilettes/les wc	toilet
une maison	house
un appartement	flat
la pièce	room
le jardin	garden
se trouver	to be situated
J'habite un grand appartement.	I live in a big flat.
à la campagne	in the country
au sous-sol	in the basement
La cuisine se trouve au rez-de-chaussée.	The kitchen is on the ground floor.
Ma chambre se trouve au premier étage.	My room is on the first floor.
travailler	to work
faire le ménage	to do the housework
faire la vaisselle	to do the washing up
ranger ma chambre	to tidy my room
préparer les repas	to get the meals
nettoyer	to clean

Verb revision

Remember -er verbs follow this pattern:
travailler to work

je travaille	I work
tu travailles	you work

il/elle/on travaille   he/she/one works
nous travaillons   we work
vous travaillez   you work
ils/elles travaillent   they work
Remember that je changes to j' before a vowel or 'h'
e.g. j'aime faire la vaisselle
      j'habite Londres

Many common verbs are irregular

être to be
je suis   I am
tu es   you are
il/elle/on est   he/she/one is
nous sommes   we are
vous êtes   you are
ils/elles sont   they are

avoir to have
j'ai   I have
tu as   you have
il/elle/on a   he/she/one has
nous avons   we have
vous avez   you have
ils/elles ont   they have

faire to do
je fais   I do
tu fais   you do
il/elle/on fait   he/she/one does
nous faisons   we do
vous faites   you do
ils font   they do

Points to remember

Tu is used to mean 'you' when speaking to a friend of your own age, someone in your family or an animal.
    Vous is used to mean 'you' when speaking to more than one person, to someone you do not know well or to someone older than you.
    On has a variety of meanings and can mean we, you, they, people in general. Read the following examples:
On prépare les repas dans   They get the meals in the
   la cuisine.   kitchen.
On travaille dur ici.   People work hard here.

Remember that to say 'my sister's baby' in French you have to say 'le
bébé **de** ma soeur'.

my brother's wife	la femme de mon frère
my parents' room	la chambre de mes parents

Remember: the word for 'my' is **mon**, **ma** or **mes**.

Mon is used when the word which follows is masculine singular (le
chien – mon chien).

Ma is used with feminine singular words (la chambre – ma
chambre).

Mes is used with plural words (les grands-parents – mes grands-
parents).

If the word which follows begins with a vowel (a,e,i,o,u) you must
use **mon** for the singular e.g. mon ami and **mes** for the plural (mes
amis).

Similarly **ton**, **ta**, **tes** is used for 'your' when addressing someone
you would call tu e.g. ton frère, ta mère, tes soeurs.

Questions

A Read this description about Paul's family and say whether the
statements which follow are true or false.

Il y a quatre personnes dans ma famille. Mon père s'appelle
Christophe et il a 42 ans. Il est professeur. Ma mère a 42 ans aussi et
elle s'appelle Jacqueline. Elle est ménagère. Philippe, mon frère, a 17
ans et il va au collège avec moi. Sa copine s'appelle Christiane et elle
a 16 ans. Nous avons un chien qui mange beaucoup. J'ai trois cousins
et quatre cousines, une grand-mère, un grand-père, deux tantes, trois
oncles. Le fils de mon oncle Charles est marié avec une Anglaise! Ils
ont un petit bébé et une fille de quatre ans.

1 Paul's father and mother are the same age.
2 His brother's girlfriend is seventeen.
3 He has seven cousins in all.
4 Paul has three grandparents alive.
5 He has three aunts and two uncles.
6 His English relative has two children.

B How would you explain the following to a French friend?
1 My brother is called Frank.
2 He is ten years old.
3 My sister is six.
4 My older sister lives in Paris.
5 My parents are called Fred and Matilda.

C You receive this postcard from a penfriend in France.

Grenoble, le 17 mai

Salut! Je suis ton nouveau correspondant français. Je m'appelle Paul. J'ai 16 ans et j'habite Avignon, dans le sud de la France. Il y a quatre personnes dans ma famille – mon père, ma mère, mon frère Philippe et moi et un chien qui s'appelle Wolf. Nous habitons dans une grande maison à la campagne, qui a huit pièces: la cuisine, le salon, la salle à manger, quatre chambres, la salle de bains, un jardin et un garage. Je m'entends très bien avec mon frère qui a un an plus que moi – il a dix-sept ans. Mon père et ma mère ont quarante-deux ans. À bientôt,

Paul

Find the French for
1 your new French penfriend
2 There are four people in my family.
3 a dog called Wolf
4 We live in the country.
5 I get on very well with my brother.
6 He is seventeen.

Answering a letter

D Complete the gaps in the following reply to Paul.

Londres, le 28 mai

Salut! Merci pour ta carte de Grenoble qui m'a fait plaisir. Moi, 1 .... aussi. 2 .... Je n'ai pas d'animaux. 3 .... qui a 4 .... 5 .... C'est 6 .... qui 7 .... Moi, je 8........... pour aider ma mère.

Bien à toi, Mark

1 I'm sixteen.
2 There are five people in my family.
3 We live in a little house.
4 six rooms: the kitchen, dining room, bathroom and three bedrooms

5 We have a large garden.
6 My father
7 does the gardening
8 do the washing up

E Paul is telling you about his house. To which room does each of the following descriptions correspond?
1 Dans cette pièce je passe beaucoup de temps. J'écoute mes disques et je fais mes devoirs ici. Il y a un grand lit, deux chaises, une table et mes vêtements partout.
2 Dans cette pièce ma mère prépare les repas, elle fait la lessive et le repassage, elle nettoie et elle lave, et moi, je fais la vaisselle!
3 Je n'aime pas cette pièce parce qu'il y a une douche et trop de l'eau.

4 Dans cette pièce il y a des fauteuils, une grande table, six chaises et la télévision.
5 La voiture est ici.

3 Daily routine

In this chapter we will revise numbers up to 70, telling the time using both the 12-hour and the 24-hour clock. We will also look at reflexive verbs and how to talk about what you do each day.

Numbers

0 zéro		
1 un(e)	11 onze	21 vingt et un
2 deux	12 douze	22 vingt-deux
3 trois	13 treize	23 vingt-trois
4 quatre	14 quatorze	24 vingt-quatre
5 cinq	15 quinze	25 vingt-cinq
6 six	16 seize	26 vingt-six
7 sept	17 dix-sept	27 vingt-sept
8 huit	18 dix-huit	28 vingt-huit
9 neuf	19 dix-neuf	29 vingt-neuf
10 dix	20 vingt	30 trente

40 quarante   60 soixante
50 cinquante   70 soixante-dix

Practise saying these numbers and test yourself on them as often as you can.

Time

The 12-hour clock

It is 1.00. Il est une heure.
It is 2.00. Il est deux heures.
It is 2.05. Il est deux heures cinq.
It is 2.10. Il est deux heures dix.
It is 2.15. Il est deux heures et quart.
It is 2.20. Il est deux heures vingt.
It is 2.25. Il est deux heures vingt-cinq.
It is 2.30. Il est deux heures et demie.

It is 2.35. Il est trois heures moins vingt-cinq.
It is 2.40. Il est trois heures moins vingt.
It is 2.45. Il est trois heures moins le quart.
It is 2.50. Il est trois heures moins dix.
It is 2.55. Il est trois heures moins cinq.
It is 3.00. Il est trois heures.
It is midday. Il est midi.
It is midnight. Il est minuit.

The 24-hour clock

It is 14.10. Il est quatorze heures dix.
It is 14.15. Il est quatorze heures quinze.
It is 14.30. Il est quatorze heures trente.
It is 14.35. Il est quatorze heures trente-cinq.
It is 14.40. Il est quatorze heures quarante.
It is 14.45. Il est quatorze heures quarante-cinq.
It is 14.50. Il est quatorze heures cinquante.
It is 14.55. Il est quatorze heures cinquante-cinq.
It is 15.00. Il est quinze heures.
It is 12.00. Il est douze heures.
It is 24.00. Il est vingt-quatre heures.
   Some examples of time in the 24-hour clock:
It is 19.42. Il est dix-neuf heures quarante-deux.
It is 23.12. Il est vingt-trois heures douze.
   If you want to say **at** instead of **it is** 7.39, you will say 'à' instead of 'il est' e.g. à sept heures trente-neuf.
   Look at this timetable for trains from Aigle to Paris. Dp means départ i.e. the departure time from Aigle. Ar means arrivée i.e. the time of arrival in Paris.

Aigle	Paris (Lyon)		Aigle
dp	ar	dp	ar
via Vallorbe, changer à Lausanne			
6 54	TGV11 28	TGV 7 18	11 58
11 54	TGV16 23	TGV12 28	16 58
16 54	TGV21 31	TGV14 22	18 58
18 54	TGV23 26	TGV18 06	22 58
▲ 22 54 🛏	6 18	▲ 23 49 🛏	7 00

Fig. 1 A train timetable

A Look at Fig. 1 and, using the 24-hour clock, say at what time each of the trains leaves Aigle and Paris every day.
e.g. Il y a un train à six heures cinquante-quatre.

Reflexive verbs

A reflexive verb is a verb which generally contains the meaning myself, yourself, himself etc.

e.g. Je me lave   I wash myself
tu te laves   you wash yourself

Often in English we will simply say 'I get washed', 'You get washed'. Reflexive verbs are recognized by the **se** in the infinitive or **me, te, se, nous, vous, se**, in the various forms of the verb.

The most common reflexive verbs are concerned with daily routine.

e.g. se brosser les cheveux   to brush your hair
se brosser les dents   to clean your teeth
se coucher   to go to bed
se déshabiller   to get undressed
s'habiller   to get dressed
se laver   to get washed
se lever   to get up
se réveiller   to wake up

Other useful reflexive verbs are:

s'amuser   to enjoy yourself
s'appeler   to be called
se promener   to go for a walk
se reposer   to have a rest

Reflexive verbs ending in -er follow this pattern in the present tense:

je me lave   I get washed
tu te laves   you get washed
il/elle/on se lave   he/she/one gets washed
nous nous lavons   we get washed
vous vous lavez   you get washed
ils/elles se lavent   they get washed

Se lever, and s'appeler are irregular and have the following forms:

se lever   **s'appeler**
je me lève   je m'appelle
tu te lèves   tu t'appelles
il/elle se lève   il/elle s'appelle
nous nous levons   nous nous appelons
vous vous levez   vous vous appelez
ils/elles se lèvent   ils/elles s'appellent

Another verb which you will need is **aller**, to go. It is not reflexive but is irregular.

je vais   je vais chez moi   I go home
tu vas   tu vas à l'église   you go to church

il/elle va	il va en ville	he goes to town
nous allons	nous allons à la maison	we go home
vous allez	vous allez à l'école	you go to school
ils/elles vont	ils vont au cinéma	they go to the cinema

Prendre (to take) is also very important.

Je prends	Je prends une douche	I take a shower
Tu prends	Il prend un bain	he takes a bath
Il/elle prend	Elle prend le petit déjeuner	she has breakfast

Nous prenons
Vous prenez
Ils/elles prennent

You will need a few other words and phrases to talk about your daily routine:

à 7 heures du matin	at 7 o'clock in the morning
à 2 heures de l'après-midi	at 2 o'clock in the afternoon
à 7 heures du soir	at 7 o'clock in the evening
à quelle heure?	at what time?
faire les courses	to go shopping
dormir	to sleep

Questions

B Read the following description of a morning's routine, then answer the questions.

7.00 Je me réveille
7.05 Je me lève
7.06 Je vais dans la salle de bains
7.07 Je me lave
7.10 Je me brosse les dents
7.12 Je m'habille
7.15 Je me brosse les cheveux
7.17 Je vais à la cuisine
7.20 Je prends mon petit déjeuner
7.30 Je vais à l'école

1 What does he do at 7 am?
2 At what time does he get up?
3 What does he do at 7.07?
4 What is happening at 7.10?
5 At what time does he get dressed?
6 At what time does he have breakfast?
7 What happens at 7.30?
C Put the following phrases into the most sensible order:
1 Ensuite je me lève et je vais dans la salle de bains.

2 Je me lave et je me brosse les dents.
3 Puis je m'habille.
4 À sept heures du matin je me réveille.

D Answer these questions according to the time given in brackets.
1 À quelle heure est-ce que tu te réveilles? (7.25)
2 À quelle heure est-ce que tu te lèves? (7.30)
3 À quelle heure est-ce que tu te laves? (7.35)
4 À quelle heure est-ce que tu te brosses les dents? (7.40)
5 À quelle heure est-ce que tu te couches? (22.30)

E Fill in the gaps in the following passage using each phrase from the list underneath once only.
A ....**1**.... je me réveille. Quelle horreur! Je ....**2**.... et je vais dans la ....**3**.... où je me lave très vite. Je ....**4**.... les dents et je vais encore une fois dans ma chambre où je me brosse ....**5**.... et ....**6**.... en uniforme scolaire. Après je prends mon ....**7**.... dans la cuisine et j'écoute ....**8**.... en même temps. Ma mère reste à la maison. Je passe toute la journée à l'école et je rentre à la maison ....**9**.... pour me reposer et prendre une douche. Je prends mon dîner à sept heures, je fais la ...**10**... je regarde ...**11**... et je fais ...**12**... A ...**13**... je vais dans ...**14**... Je ...**15**... et je ...**16**... Je dors toujours très bien.

A petit déjeuner   I sept heures trente
B la télévision   J les cheveux
C me brosse   K ma chambre
D à seize heures trente   L la radio
E me lève   M me couche
F vingt-deux heures   N salle de bains
G mes devoirs   O me déshabille
H je m'habille   P vaisselle

4 School

In this chapter we will revise the words and phrases you will need to talk about your school and your schoolday.

Useful words and phrases

les matières	subjects
l'allemand	German
l'anglais	English
la chimie	chemistry
le dessin	art
l'histoire	history

l'informatique	computer studies
les mathématiques	maths
la science	science
le sport	sport
les travaux manuels	practical subjects
Je suis faible en géographie.	I'm weak in geography.
Je suis moyen en français.	I'm medium in French.
Je suis fort en maths.	I'm good at maths.
Ma matière préférée est le français.	My favourite subject is French.
J'apprends le français depuis cinq ans.	I've been learning French for five years.
Je suis à cette école depuis cinq ans.	I've been at this school for five years.
apprendre	to learn
au collège/à l'école	at school
les cours	lessons
la leçon	a lesson
Les cours de maths sont très ennuyeux.	Maths lessons are very boring.
Je suis en retard.	I'm late.
difficile/facile	difficult/easy
un emploi du temps	timetable
un élève	pupil
un professeur	teacher
faire un échange	to go on an exchange
écrire	to write
lire	to read
Il est en terminale.	He's in the upper sixth.
Il est en premier.	He's in the lower sixth.
Je suis en seconde.	I'm in the fifth form.
Je suis en sixième.	I'm in the first form.
J'étudie huit matières.	I'm studying eight subjects.
finir	to finish
passer un examen	to take an exam
quitter l'école	to leave school
J'aime les vacances.	I like holidays.
la récréation	break
un camarade/un ami	a friend
un ordinateur	a computer
une école mixte	mixed school
la bibliothèque	library
la piscine	swimming pool
le bâtiment	building
Je fais de la musique.	I take part in musical activities.
Je fais du sport.	I do sport.

Questions

	9h-10h	10h-10.55		11.05-12h		14h-15h	15h-16h
lundi	Maths	Sciences Naturelles	Récréation	Histoire	Déjeuner	Français	Musique
mardi	Français	Maths		Anglais		Sport	Sport
mercredi							
jeudi	Anglais	Informatique		Français		Travaux Manuels	Maths
vendredi	Géographie	Anglais		Maths		Français	Allemand
samedi	Sciences Naturelles	Dessin					

Fig. 1 L'emploi du temps de Paul

A Study the timetable and answer the following questions.
1 How many science lessons does Paul get each week?
2 At what time is his computer studies lesson on Thursday?
3 On what day does he begin with French?
4 At what time is his break?
5 How long does he have for lunch?
6 On which days does he not have to go to school?
7 When is art?
8 What three languages is Paul studying?
9 Does he do RE?
10 When is his PE lesson?
11 What time does he finish school on Monday?
12 What time does he begin lessons?

B Match the questions 1–6 with Paul's replies A–F
1 À quelle heure commencent les cours?
2 Combien de cours de français as-tu par semaine?
3 Quel jour ne vas-tu pas au collège?
4 Combien de temps dure chaque cours?
5 Quand est-ce que tu quittes l'école?
6 À quelle heure est la récréation?

A Je vais chez moi à seize heures.
B Je ne vais pas au collège le mercredi.

C Les cours commencent à neuf heures.
D J'ai quatre cours de français par semaine.
E Une heure (ou presque)
F On a la récréation à dix heures cinquante-cinq.

Read the following conversation between two pupils, one French and the other English. They are discussing their school systems.

– Salut. Alors, comment c'est le collège en Angleterre? C'est très différent d'ici?

– Ah oui. En Angleterre il faut être au collège à neuf heures pour l'assemblée.

À quelle heure commencent les cours?

– Les cours commencent à neuf heures et demie.

– Combien de temps durent les cours?

– Eh bien, une leçon dure quarante minutes et on a sept leçons par jour.

– Tu as une récréation pendant la matinée?

– Ah oui. Il y a une récréation de vingt minutes à onze heures moins dix.

– Où est-ce que tu manges le déjeuner? Tu vas chez toi comme nous faisons ici en France?

– Ah non, je mange à la cantine, parce qu'on a cinquante minutes seulement, et puis il y a beaucoup d'activités, par exemple l'orchestre ou la chorale. On peut aussi faire du sport et aller à la piscine ou lire le journal à la bibliothèque. Mais moi, je bavarde avec mes camarades.

– À quelle heure est-ce que tu rentres chez toi?

– À seize heures. Je suis toujours très fatigué.

– Quelles sont tes matières préférées?

– J'adore le français et la biologie, et le sport aussi. Et toi?

– Moi, j'aime toutes les matières sauf l'anglais, l'histoire et la géographie.

– Je déteste les mathématiques et je n'aime pas les travaux manuels non plus.

– Et l'informatique me plaît beaucoup. Tu as des ordinateurs au collège là-bas?

– Oui, quelques-uns, mais ça ne m'intéresse pas du tout.

– Les bâtiments de ton école sont vieux ou modernes?

– Alors, il y a un nouveau bâtiment qui est très moderne avec des laboratoires pour étudier les sciences, mais mon école est assez vieille.

– C'est très intéressant ça. Je voudrais bien faire l'échange avec ton école l'année prochaine. J'aimerais apprendre un peu d'anglais!

C Find the French for:
   1 A lesson lasts 40 minutes.
   2 Seven lessons a day.
   3 I eat in the canteen.

4 I chat to my friends.
5 You go home.
6 What are your favourite subjects?
7 except English
8 I hate maths.
9 That doesn't interest me at all.

10 to study science
11 to go on the exchange
12 next year

Conversation practice

D Make up your part in this conversation about the day you are going to be spending at a French school with your penfriend.
– At what time do classes begin?
– Ils commencent à neuf heures. D'abord c'est l'anglais. J'ai horreur de ça.
– Ask how long classes last.
Une heure. Les leçons sont très ennuyeuses. Est-ce que tu aimes le collège?
– Say yes you like going to school and you love French and English.
– Quelles matières n'aimes-tu pas?
– Say you hate maths and sciences.
– Combien d'élèves y a-t-il dans ta classe?
– Say there are 32 pupils in your class.
– Et tu as beaucoup de camarades?
– Say yes you have lots of friends.
– Et qu'est-ce que tu fais pendant la récréation, toi?
– Say you chat to your friends and play football.

A letter

Read this letter to a class in your exchange school in France and then make up a similar one for yourself describing your school.

Cheshunt, le 4 juillet

Chers tous,
   Notre collège est grand et moderne, et situé au centre de la ville. C'est une école mixte de 800 élèves. Il y a un grand terrain de football, une piscine, deux vieux bâtiments et un nouveau bâtiment. Nous sommes en seconde et nous étudions dix matières: le français, l'anglais, les maths, l'histoire, la géo, la biologie, la chimie, le dessin, le sport et la musique. Tout le monde déteste les maths, mais nous aimons le français bien sûr! Nous apprenons le français depuis 5 ans. La plupart des élèves mangent à la cantine à midi et la nourriture est délicieuse. Pendant la récréation nous bavardons, nous faisons les devoirs et nous mangeons du chocolat!
                    Amicalement,
                    Classe 5 A.

In this topic we will revise talking about jobs you and your friends and relatives do or would like to do in the future. We will also learn how to talk about future time.

Useful words and phrases

Mon père est directeur; il travaille à Londres.	My father is a director; he works in London.
Il rentre à la maison à 18 heures.	He comes home at 18.00.
Il a six semaines de vacances par an.	He has six weeks holiday a year.
Il va au bureau en voiture.	He goes to his office by car.
Il travaille huit heures par jour.	He works eight hours a day.
Il travaille cinq jours par semaine.	He works five days a week.
Il est en chômage.	He's unemployed.
Ma mère travaille à mi-temps dans une boutique.	My mother works part-time in a shop.
Avez-vous un emploi?	Do you have a job?
Quelle profession allez-vous suivre?	What do you want to be?
Je voudrais bien être professeur/mécanicien/médecin/secrétaire/sténodactylo/ingénieur/infirmière.	I want to be a teacher/mechanic/doctor/secretary/shorthand typist/engineer/nurse.
Je ne travaille pas parce que j'ai trop de devoirs.	I don't have a job because I get too much homework.
Je garde les enfants ⎫ une fois Je fais du babysitting ⎭ par semaine.	I babysit once a week.
Je gagne cinq livres.	I earn five pounds.
Je dépense mon argent sur des vêtements.	I spend my money on clothes.
Si je réussis à mes examens je vais continuer mes études l'année prochaine.	If I pass my exams I'm going to continue my studies next year.
Pendant les grandes vacances je vais voyager à l'étranger.	In the summer holidays I'm going to travel abroad.
Cela me plaît.	I like that.
Je vais chercher un emploi.	I'm going to look for a job.
une usine	a factory
Je cherche du travail.	I'm looking for work.
mon métier	my job

Je vais travailler au supermarché comme caissière.	I'm going to be a cashier at the supermarket.
le salaire	salary
beaucoup d'argent	lots of money

Remember: with jobs you do not need to use 'un' or 'une' in French. For example:

he is **a** teacher	il est professeur
she is **a** nurse	elle est infirmière

The future

In Topic 3 we revised the verb 'aller' to go. This is a very useful verb in French because it is frequently used to talk about something that **will** happen in the future. Look at the following sentences:

Je vais travailler samedi.	I am going to work on Saturday or I will work on Saturday.
Je vais continuer mes études.	I'm going to carry on studying.
Il va voyager à l'étranger.	He's going to travel abroad.
Vous allez chercher un emploi.	You are going to look for a job.

The present tense of aller is used with the infinitive of the verb you want to use.

The future tense

The other way of expressing future time is by using the future tense. To form this, endings are added to the infinitive of the verb.

e.g. finir

je	finir**ai**	I will finish
tu	finir**as**	You will finish
il/elle/on	finir**a**	He/she will finish
nous	finir**ons**	We will finish
vous	finir**ez**	You will finish
ils/elles	finir**ont**	They will finish

With verbs whose infinitive ends in 're', the 'e' is removed before adding the endings

e.g. prendre

je prend**rai**	I will take
tu prend**ras**	
il prend**ra**	
nous prend**rons**	
vous prend**rez**	
ils prend**ront**	

Unfortunately, some of the most common verbs have an irregular future form and you will need to recognize this.

Infinitive	Future tense	Meaning
être	je serai	I will be
avoir	j'aurai	I will have
devoir	je devrai	I will have to
savoir	je saurai	I will know
aller	j'irai	I will go
voir	je verrai	I will see
vouloir	je voudrai	I will want
venir	je viendrai	I will come
faire	je ferai	I will make/do
pouvoir	je pourrai	I will be able

The endings change according to the person, just as with regular verbs

e.g. aller

j'irai	nous irons
tu iras	vous irez
il ira	ils iront

Practice in the future tense

A What do the following mean?
1 il ira
2 tu viendras
3 nous ferons
4 ils pourront
5 il sera

B Job vacancies
Look at Fig. 1 and then answer the questions.

Fig. 1 Job advertisements

Dame ou jeune fille cherchée pour garder enfants (4-1 an), toute la journée, région Chêne-Bourg. ∅ 021/25 11 75, 022/55 36 90.

309551 X

JURISTE cherche une

sténodactylo

pour environ 2 mois.

Demander Mme Siegrist au 86 04 04.

Médecin interniste, cabinet moderne, Centre-Ville, cherche dès juin ou juillet prochain

URGENT, ch. infirmière pour remplacement d'été, hopital 07 Serrières, tél. 75.34.00.10

secrétaire réceptionniste

à mi-temps, médicale ou non.

Ecrire sous chiffre C 18-66598, Publicitas, 1211 Genève 3.

Jeune fille ou étudiante, pour s'occuper d'un bébé, le matin du lundi au vendredi. ∅ 29 75 72.

309.681 X

1 Which number will you ring for a job (a) as a nurse (b) as a shorthand typist?

2 What address will you write to for a job as a secretary and receptionist?

3 You would like a job looking after children but can only work mornings. Which of the two numbers will you ring and what days will you be required?

4 Which of the two office jobs is part-time and which one is temporary?

C Read the following descriptions of what five people will be doing at work today. Then from the list of jobs given underneath, decide what each of the five does for a living.

1 Je serai en contact avec beaucoup de jeunes au collège. Je leur apprendrai à jouer au football, au rugby et nous irons aussi à la piscine.

2 Je travaillerai très dur à préparer beaucoup de repas. Je préparerai le déjeuner pour midi et puis je ferai un grand gâteau cet après-midi. Ensuite j'irai au marché ou je verrai beaucoup de bons légumes.

3 J'irai au travail en voiture et j'arriverai vers huit heures et demie. Je passerai la matinée à réparer des voitures au garage où je travaille. J'aime bien mon métier.

4 J'irai au travail à pied. Le magasin est tout près de chez moi. Je servirai des clients, je vendrai de la marchandise, je nettoyerai un peu. Je bavarderai avec les autres là-bas. Je prendrai l'argent à la banque et je répondrai au téléphone.

5 Je passerai ma journée dans le bureau. Je commencerai par boire une tasse de café, j'ouvrirai les lettres, je taperai des réponses à la machine. Je parlerai avec mon patron. Je lirai le journal peut-être.

mécanicien	professeur de sport
secrétaire	infirmière
boulanger	caissière
médecin	chef

D Match the following questions 1–5 with their answers A–E.

Questions

1 Que faites-vous comme travail, Madame?

2 Où travaillez-vous?

3 Et ça vous plaît, votre travail?

4 Quelles sont vos heures de travail?

5 Est-ce que c'est un travail dur?

Réponses

A Je travaille ici en ville.

B Oui, je rentre toujours très fatiguée.

C Mes heures de travail sont de huit heures à seize heures, ou de

quatorze heures à vingt-deux heures. Je ne travaille pas la nuit.
D Je suis infirmière.
E J'aime beaucoup le travail, être ensemble avec d'autres personnes
chaque jour: les personnes âgées, les enfants, les hommes, les
femmes.

Conversation practice

E Make up your part in the following dialogue.
– Greet the man.
Bonjour.
Je vais vous poser quelques questions sur votre travail.
D'accord.
– Ask what he does for a living.
Je suis boulanger.
– Ask if he likes his job.
Oui, ça me plaît beaucoup. Mon père aussi était boulanger.
– Ask where he works.
Je travaille à la boulangerie sur la place, en face de la Mairie.
– Ask what hours he works.
Je commence très tôt, ça veut dire à 5 heures du matin!
– Thank the man and say goodbye.

Applying for a job

You see this advertisement in the paper and decide to apply for the
job.

> Jeune fille aimant enfants est demandée juillet/
> août pour s'occuper de 2 enfants (2–4 ans)
> nourrie logée. Écrire à Mme J Weber 44 rue de
> Nantes, 74830 Annecy

F Read this letter of application and do the exercise below:

7 Anchorage Terrace,
Durham
Angleterre
le 23 mai

Mme J Weber,
44 rue de Nantes
74830 Annecy
France

Madame,
    J'ai lu votre annonce dans le journal du 22 mai et je vous écris
parce que je suis très intéressée par ce poste.
    J'ai dix huit ans et j'ai déjà travaillé comme jeune fille au pair en
France. Je suis anglaise mais j'apprends le français depuis six ans
et je voudrais bien venir en France pour améliorer mon français.

J'aime beaucoup les enfants. J'ai trois sœurs agées de 6, 4 et 2 ans et j'ai l'habitude de m'occuper d'elles. Je garde les enfants pour mes voisins une fois par semaine. Je sais faire le ménage et conduire et je fais souvent la cuisine chez nous.

    Veuillez agréer, Madame, l'expression de mes sentiments respectueux,

R. Senn

Find the French for:

1 Your advertisement in the newspaper.
2 I am very interested in this job.
3 I've been learning French for six years.

4 to improve my French
5 I like children very much.
6 I'm used to looking after them.
7 I babysit for my neighbours.
8 I often do the cooking.

6 Dates

In this chapter we will revise days, months and dates, numbers from 70 onwards and the seasons.

Useful words and phrases

Quelle est la date aujourd'hui?	What's the date today?
C'est le quatorze juillet.	It's 14 July.
Quel jour sommes-nous?	What day is it?
C'est lundi.	It's Monday.

The days of the week

lundi	Monday
mardi	Tuesday
mercredi	Wednesday
jeudi	Thursday
vendredi	Friday
samedi	Saturday
dimanche	Sunday

The months of the year

janvier	January
février	February
mars	March
avril	April
mai	May
juin	June
juillet	July
août	August
septembre	September
octobre	October
novembre	November
décembre	December

Remember that in French neither the days of the week nor the months of the year start with a capital letter unless they begin a sentence.

Mon anniversaire est le premier avril.	My birthday is on 1 April.
Mon anniversaire est le dix juin.	My birthday is on 10 June.
Je vais arriver vendredi le vingt-trois août.	I will arrive on Friday 23 August.
Je vais partir, lundi le deux septembre.	I will leave on Monday 2 September.
Nous irons au cinéma lundi prochain.	We will go to the cinema next Monday.
jeudi dernier	last Thursday
Mon jour de congé c'est vendredi.	My day off is Friday.
jour férié: lundi	Day off } Monday Closed }

Numbers from 70 onwards

70	soixante-dix	100	cent
71	soixante et onze	101	cent un
72	soixante-douze	200	deux cents
	etc	201	deux cents un
80	quatre-vingts	1000	mille
81	quatre-vingt-un	1001	mille un
82	quatre-vingt-deux	2000	deux mille
	etc		
90	quatre-vingt-dix		
91	quatre-vingt-onze		
92	quatre-vingt-douze		
	etc		

En dix-neuf cent quatre-vingt-huit	in 1988
En quelle année êtes-vous né?	What year were you born?
En dix-neuf cent soixante-treize	in 1973
au 20ème siècle	in the 20th century

The seasons

au printemps	in spring
en été	in summer
en automne	in autumn
en hiver	in winter
Le soir en été je sors.	In the evening in summer I go out.
Le soir en hiver je reste chez moi.	In the evening in winter I stay at home.
quand	when
un jour } une journée }	a day

une semaine	a week
un mois	a month
un an une année	a year
un soir une soirée	an evening
la nuit	night
ce soir	this evening
Demain matin je vais aller en ville.	Tomorrow morning I'll go to town.
hier soir	yesterday evening
Les vacances de Noël sont du 17 décembre au 5 janvier.	The Christmas holidays are from 17 December to 5 January.
Les vacances de Pâques sont du 25 mars au 20 avril.	The Easter holidays are from 25 March to 20 April.
Les grandes vacances sont du 24 juillet au 2 septembre.	The summer holidays are from 24 July to 2 September
Ce soir je vais sortir.	This evening I'm going to go out.
Cette semaine je vais bien travailler.	This week I'm going to work well.
il y a deux jours	two days ago
il y a six semaines	six weeks ago
dans deux semaines	in two weeks time

Questions

A Match the following pairs of dates

1 4 July
2 20 April
3 19 December
4 6 August
5 1 September

A le six août
B le vingt avril
C le dix-neuf décembre
D le premier septembre
E le quatre juillet

B What are the following dates in English?
1 le premier janvier
2 le vingt-cinq mai
2 le dix-neuf février
4 le quatorze juillet

C What are the following dates in French?
1 1 October
2 7 October
3 23 August

D Say whether the following statements are true or false.
1 Aujourd'hui c'est le trente février.
2 Soixante-dix plus deux cent cinq font trois cent cinq.

3 Nous habitons au 20ème siècle.
4 Noël est en hiver.
5 Treize plus deux font dix-sept.
6 Mon anniversaire est le trente et un juin.
7 Pâques est au printemps.
8 Le mois d'août est pendant les grandes vacances.
9 Si aujourd'hui est dimanche, demain est lundi.
10 Si aujourd'hui est samedi, hier était jeudi.
E Look at Fig. 1 which gives details of an exchange between a
French and English school. Now answer the questions.

Fig. 1
An Anglo-
French
exchange

```
COLLEGE
58220 DONZY
-------------

              E C H A N G E   F R A N C O  -  A N G L A I S
              *-*-*-*-*-*-*-*-*-*-*-*-*-*-*-*-*-*-*-*-*
              Accueil des Correspondants  Anglais

              Séjour du 23 MAI  au  1er  JUIN  1986

--------------------------------------------------------------------------
                        !
Vendredi 23 Mai 1986    ! Arrivée des Anglais devant le Collège de DONZY
                        ! vers 18 heures
------------------------!-------------------------------------------------
                        !
Samedi 24 mai 1986      ! Accueil an Collège
                        !
------------------------!-------------------------------------------------
                        !
Dimanche 25 mai 1986    ! Séjour dans les familles d'accueil
                        !
------------------------!-------------------------------------------------
                        ! Accueil au Collège
Lundi 26 mai 1986       ! - Matin : cours
                        ! - Déjeuner au Collège
                        ! - Après-midi : animation sportive
------------------------!-------------------------------------------------
Mardi 27 mai 1986       ! - Excursion aux grottes d'ARCY (Anglais et Français)
                        ! - Retour par VEZELAY
                        ! - Prévoir un déjeuner pique-nique
------------------------!-------------------------------------------------
Mercredi 28 mai 1986    ! Séjour dans les familles d'accueil
                        !
------------------------!-------------------------------------------------
Jeudi 29 mai 1986       ! - Matin : animation musicale au Collège  (2 groupes)
                        ! - Déjeuner au Collège
                        ! - Après-midi : excursion à SANCERRE
------------------------!-------------------------------------------------
                        ! - Cours
                        ! - 11 heures : - départ pour la visite du Château de
Vendredi 30 mai 1986    ! SAINT FARGEAU.
                        ! - Retour par SAINT AMAND EN PUISAYE
                        ! (prévoir un déjeuner pique-nique)
------------------------!-------------------------------------------------
Samedi 31mai 1986       ! Sentier sportif ou séjour dans les familles.
                        !
------------------------!-------------------------------------------------
Dimanche 1er juin 1986  ! Départ. Rassemblement devant le Collège à 8 heures.
------------------------!-------------------------------------------------
                        *** * ***
                        * * *   * * *
Pour tout renseignement ou incident en cours de séjour : les familles peuvent contacter
le COLLEGE pendant les heures scolaires, Tel : 86 39 92 19
En dehors de ces heures :              : Tel : 88 39 43 41
```

1 What were the dates of this exchange?
2 What day of the week did the English group arrive?
3 What was the first day the English pupils spent entirely with the French families?
4 On what two days were there sports?
5 On what two days did they have a picnic?
6 What date was the music course?
7 When was the excursion to Sancerre?
8 On what day did they visit a castle?
9 What day of the week did the group leave?
10 Where did they have lunch on Monday?

7 Weather

In this chapter we will revise words and phrases you need to describe and to enquire about weather conditions. We will also look at weather forecasts, the imperfect tense, and comparisons between one place and another.

Useful words and phrases

agréable	nice, pleasant	la météo	weather report
une averse	a shower	la montagne	mountain
la chaleur	heat	le nuage	cloud
le ciel	sky	une ombre	shade
le climat	climate	pleuvoir	to rain
la côte	coast	la pluie	rain
couvert	overcast	la prévision	weather forecast
un degré	degree	prochain	next
doux	mild	sec (sèche)	dry
un éclair	lightning	la température	temperature
une éclaircie	sunny interval	la tempête	storm
élevé	high	le temps	weather
ensoleillé	sunny	le tonnerre	thunder
fort	strong		
frais (fraîche)	cool		
la glace	ice		
léger (légère)	light		
lourd	heavy		

```
              nord
               ↑
ouest ─────────┼───────── est
               │
              sud
```

Quel temps fait-il?   What's the weather like?

Quel temps faisait-il pendant tes vacances?	What was the weather like for your holidays?
Au printemps il pleut, il fait du vent et il fait de la brume.	In spring it rains, it's windy and it's misty.
En été il fait beau, il fait chaud et il fait du soleil.	In summer it's fine, warm and sunny.
En automne il fait mauvais, il fait du brouillard et il fait de l'orage.	In autumn the weather's bad, its foggy and stormy.
En hiver il neige, il gèle et il fait froid.	In winter it snows, freezes and it's cold.
Le soleil brille.	The sun is shining.

Si – If
Look at the following sentences.

S'il fait beau j'irai à la plage.	If it's fine I'll go to the beach.
S'il fait du soleil, je me bronzerai.	If it's sunny I'll get a suntan.
S'il neige je ferai du ski.	If it snows I'll go skiing.

The verb immediately following the 'si' is in the present tense and the verb in the second half of the sentence is in the future.
REMEMBER   Si + present + future.

The imperfect tense

The imperfect tense is used for continuous or repeated actions in the past. It is also used for description when talking about past time.

In English the verb will usually contain 'was' or 'were' or 'used to' e.g. The sun was shining. The sky was blue. We were sitting there for hours. We were eating. I used to live in Somerset. She used to go there every Saturday.

To form the imperfect tense, take the 'nous' form of the present tense, remove the 'ons' ending and add the following endings:

-ais	-ions
-ais	-iez
-ait	-aient

For example:

donner	**faire**
Nous forms of present:	Nous form of present:
nous donn/**ons**	nous fais/**ons**
je donn**ais**	je fais**ais**
tu donn**ais**	tu fais**ais**
il/elle donn**ait**	il/elle fais**ait**
nous donn**ions**	nous fais**ions**
vous donn**iez**	vous fais**iez**
ils/elles donn**aient**	ils/elles fais**aient**

The imperfect tense of 'être' is irregular, although the endings are as you would expect.

j'étais	nous étions
tu étais	vous étiez
il/elle était	ils/elles étaient

Questions

Read this description of Jean-Pierre

Je suis jeune, je suis grand et très beau. J'ai beaucoup d'énergie. J'aime les sports. Je porte toujours des vêtements très à la mode. J'ai les cheveux courts et noirs et je regarde la télé tous les soirs.

Now imagine Jean-Pierre is 60 and describing himself when he was young. This is what he would say then:

Quand j'étais jeune j'étais grand et très beau. J'avais beaucoup d'énergie. J'aimais les sports. Je portais toujours des vêtements très à la mode. J'avais les cheveux courts et noirs et je regardais la télé tous les soirs.

Write a similar description of yourself now, and then put it into the imperfect tense imagining what you will say when you are 60!

A Read these descriptions of the weather on three holidays last year. Pierre's holiday was in January. Which description did he give? Marc's was in October. Which was his description? Jacques' holiday was in August. Which was his description?

1 Il faisait chaud tous les jours; le soleil brillait et le ciel était bleu tout le temps. C'était merveilleux à la plage parce qu'il faisait beau temps.

2 Il faisait très très froid; il neigeait du matin jusqu'au soir; c'était magnifique pour le ski.

3 Il faisait mauvais temps. Il pleuvait chaque jour, il faisait du vent et deux fois il faisait de l'orage avec des éclairs et du tonnerre. J'avais peur! La nuit il faisait du brouillard. Ce n'était pas agréable du tout.

B Fig. 1 shows a map of France showing its weather conditions. The key is underneath. Answer the following questions.

1 What town has storms?
2 Where is it snowing?
3 Where is there a strong wind?
4 Where is it overcast?
5 What is the weather like in Boulogne?
6 In which two towns are there sunny intervals?

C Are these statements true or false?

1 À Paris il fait beau.
2 À Calais il pleut.

Le temps

Fig. 1 Weather report

3 À Nimes il y a du brouillard.
4 Dans le nord de la France il fait mauvais.
5 Dans le sud de la France il fait beau.

D Answer the following questions in French. Use as many phrases as you can in your answers.
Quel temps fait-il
1 à Avignon?
2 à Chamonix?
3 à Paris?
4 à Rouen?

E Look at Fig. 2 (the newspaper cutting) for the weather forecast on 17 May, then answer the questions:
1 Name the towns where it was overcast.
2 Name two towns in France where it was cloudy.
3 What was the weather like around Nice?
4 Was there any snow marked on the map of Europe?
5 Was it raining anywhere?

Fig. 2
The weather
forecast

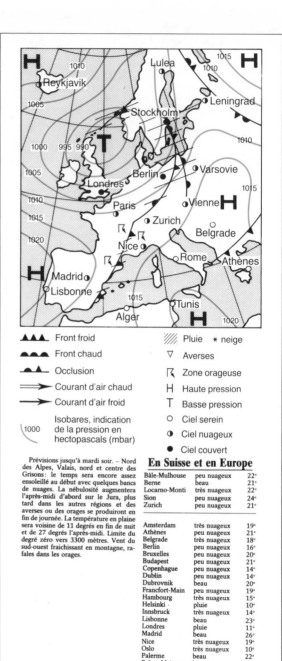

▲▲▲ Front froid   ///. Pluie   ✳ neige

▲▲▲ Front chaud   ▽ Averses

▲▲ Occlusion   ⌐ Zone orageuse

⟹ Courant d'air chaud   H Haute pression

⟶ Courant d'air froid   T Basse pression

1000   Isobares, indication de la pression en hectopascals (mbar)   O Ciel serein

◑ Ciel nuageux

● Ciel couvert

Prévisions jusqu'à mardi soir. – Nord des Alpes, Valais, nord et centre des Grisons: le temps sera encore assez ensoleillé au début avec quelques bancs de nuages. La nébulosité augmentera l'après-midi d'abord sur le Jura, plus tard dans les autres régions et des averses ou des orages se produiront en fin de journée. La température en plaine sera voisine de 11 degrés en fin de nuit et de 27 degrés l'après-midi. Limite du degré zéro vers 3300 mètres. Vent du sud-ouest fraichissant en montagne, rafales dans les orages.

En Suisse et en Europe

Bâle-Mulhouse	peu nuageux	22°
Berne	beau	21°
Locarno-Monti	très nuageux	22°
Sion	peu nuageux	24°
Zurich	peu nuageux	21°
Amsterdam	très nuageux	19°
Athènes	peu nuageux	21°
Belgrade	très nuageux	18°
Berlin	peu nuageux	16°
Bruxelles	peu nuageux	20°
Budapest	peu nuageux	21°
Copenhague	peu nuageux	14°
Dublin	peu nuageux	14°
Dubrovnik	beau	20°
Francfort-Main	peu nuageux	19°
Hambourg	très nuageux	15°
Helsinki	pluie	10°
Innsbruck	très nuageux	14°
Lisbonne	beau	23°
Londres	pluie	11°
Madrid	beau	26°
Nice	très nuageux	19°
Oslo	très nuageux	10°
Palerme	beau	22°
Palma-Majorque	beau	23°
Tunis	beau	24°
Varsovie	averses pluie	11°
Vienne	très nuageux	20°

F Find the French for:
1 forecast up until Tuesday evening
2 It will still be quite sunny.
3 There will be showers or storms.
4 The temperature will be 27° in the afternoon.
5 South-west wind.

G Look at the table of temperatures around the world and say whether these statements are true or false.
1 À Londres il pleuvait.
2 À Nice il y avait des nuages.
3 À Dubrovnik il faisait beau.
4 À Varsovie le soleil brillait.
5 À Vienne il faisait beau.

Comparisons

Plus = more
Il faisait plus froid à Londres qu'à Athènes.
It was colder in London than in Athens.

Moins = less
Il faisait moins chaud à Helsinki qu'à Lisbonne.
It was not so hot in Helsinki as in Lisbon.
   To say 'the hottest' you say 'le plus chaud'
          'the coldest'   'le plus froid'
e.g. le pays le plus chaud   the hottest country
If whatever you are referring to is a 'la' word, you must say **la** plus chaude or **la** plus froide to agree with the feminine word.
e.g. la ville la plus froide   the coldest town
For plural words use 'les' e.g. **les** pays les plus pittoresques
                      the most picturesque countries

Aussi = as
À Copenhague il faisait aussi chaud qu'à Dublin.
In Copenhagen it was as warm as in Dublin.

Meilleur(e) better; le meilleur the best
Le climat à Londres est meilleur qu'à Moscou.
The climate in London is better than in Moscow.
Le climat à Athènes est le meilleur.
The climate in Athens is the best.

Dialogues

H You are being asked about the weather on your disastrous holiday in the mountains last October. Fill in your replies.
Alors quel temps faisait-il?

Say it was bad weather, it was rainy and it was cold.
Et il faisait du brouillard quelquefois?
Say yes it was foggy and also windy.
Quelle horreur! et je suppose qu'il faisait de l'orage?
Say yes, it was stormy the first day.

I Now ask him about his holidays last June. What questions will you have to ask to get the replies he has given?

– Il faisait beau temps.
– Oui il faisait chaud.
– Oui le soleil brillait chaque jour.
– 20°
– Non, il ne pleuvait pas du tout.
– Non il ne faisait pas de la brume. C'était parfait.

Now write two postcards describing the weather conditions experienced by the two people talking in the dialogue section.

8 Meeting people

In this chapter we will revise what to say when you meet someone or leave them; how to introduce someone, arrange to go out, accept or decline invitations, thank someone or apologize and express likes and dislikes.

Useful words and phrases

When you meet someone:

Bonjour Monsieur. Bonjour Madame.	Good morning, good day.
Salut Jean.	Hello Jean.
Je te présente Jean-Luc?	May I introduce Jean-Luc?
Tu connais mon ami Marc?	Do you know my friend Marc?
Comment allez-vous? Comment vas-tu? Ça va?	How are you?
Ça va bien merci.	Very well thank you.

Comment va ta mère?	How is your mother?
Elle va bien.	She's well.
Bienvenu.	Welcome.
Enchanté.	Pleased to meet you.

When you leave someone:

À bientôt.	See you soon.
À ce soir.	See you this evening.
À demain.	See you tomorrow.
À tout à l'heure.	See you later.
Au revoir. ⎤ Adieu. ⎦	Goodbye.
Bonne nuit.	Goodnight.
Bon voyage.	Have a good journey.

Remember that it is polite to say Monsieur or Madame to people older than you when you greet them e.g. Bonjour Monsieur. Au revoir Madame.

More words and phrases

un cadeau	a present
un camarade	a friend
un rendez-vous	a meeting
un boum	a party
Bon anniversaire!	Happy birthday!
Joyeux Noël!	Happy Christmas!
Bonne année!	Happy New Year!
Meilleurs voeux!	Best wishes!
À votre santé!	Cheers!
souhaiter	to wish
remercier	to thank
rencontrer	to meet
Je serai prêt dans cinq minutes.	I'll be ready in five minutes.
Je vais rendre visite à mes cousins.	I'm going to visit my cousins.
Tu es libre ce soir?	Are you free this evening?
Tu veux y aller?	Do you want to go?
On y va?	Shall we go?
Je voudrais aller.	I would like to go.
d'accord	okay
chouette!	great!
formidable	terrific
volontiers	willingly
Ça dépend	it depends
Ça m'est égal.	I don't mind.

Non, je ne peux pas.	No I can't.
Je n'ai pas le temps.	I haven't got time.
Ça ne fait rien.	It doesn't matter.
C'est dommage.	It's a pity.
Zut!	Drat!
Ce n'est pas grave.	It's not important.
Désolé!	Sorry!
Je regrette.	I'm sorry.
Je m'excuse d'être en retard.	I'm sorry I'm late.

To end letters use:

à bientôt
amicalement   love from
amitiés

Exercises

Dialogue practice

Read the following telephone conversation between two friends.

Jean-Luc   Allô.
Marc   Salut. C'est moi, Marc. Ça va?
Jean-Luc   Oui, ça va bien et toi?
Marc   Oui, ça va très bien. Tu es libre ce soir? Est-ce que tu aimerais sortir?
Jean-Luc   Oui, d'accord. Qu'est-ce que tu veux faire?
Marc   J'ai envie d'aller au cinéma, il y a un bon film je crois.
Jean-Luc   Ah oui, c'est jeudi. Alors c'est à moitié prix ce soir. On se rencontre là-bas, devant le cinéma?
Marc   Bonne idée. Ça commence à vingt heures, alors je te verrai à dix-neuf heures trente?
Jean-Luc   J'ai le temps de me doucher, je serai prêt dans un quart d'heure.
Marc   Bon. À tout à l'heure.
Jean-Luc   Au revoir.

A Find the French for
1 Are you free this evening?
2 Yes okay.
3 I feel like going to the cinema.
4 Shall we meet there?
5 Good idea.
6 I've got time to have a shower.
7 I will be ready in quarter of an hour.
8 See you soon.
Once you have checked your answers, learn these phrases carefully.

Meeting someone

B Fill in your part in the following dialogue when you meet your penfriend's family for the first time.

Penfriend	Je te présente mes parents.
Parents	Bonsoir. Sois le bienvenu en France. Nous sommes contents de te voir.
You	Say good evening and pleased to meet you.
Parents	Comment vas-tu?
You	Say you're very well thank you.
Parents	Tu as fait un bon voyage?
You	Say yes thank you but the train was late.
Parents	Tu dois avoir faim, nous allons bientôt manger et après tu auras le temps de faire une petite promenade en ville si tu veux.
You	Say yes willingly. You would like to do that.
Parents	C'est dommage qu'il ne fait pas beau temps.
You	Say it doesn't matter.
Parents	Qu'est-ce que c'est?
You	Say it's a small present from your parents.
Parents	Merci beaucoup. C'est très gentil ça.

C Arrange the following sentences in two groups:
(a) those your penfriend says when you leave at the end of your visit to France.
(b) those you say when you leave.
1 Remercie tes parents pour le cadeau de l'Angleterre.
2 Je voudrais bien revenir l'année prochaine.
3 C'était formidable ici.
4 C'est dommage que tu dois partir.
5 Merci beaucoup pour tout.

6   Au revoir et bon voyage.
7   Je suis très content de mon séjour ici.
8   Tu n'as rien oublié?
9   Je n'ai pas envie de rentrer en Angleterre.
10   Merci d'être venu.

Expressing feelings, likes and dislikes

Read the following list of school subjects, ranging from those you like at the top of the list to those you dislike further down the list. Note the comments about each one.

le sport	J'adore ça.	I love it.
le français	Je l'aime beaucoup.	I really like it.
l'allemand	Je le trouve formidable.	It's great.
l'anglais	Je le trouve très bien.	I like it a lot.
le latin	Je le trouve très intéressant.	I find it very interesting.
l'histoire	Je l'aime bien.	I like it.
l'informatique	Ça va.	It's okay.
la musique	Je ne l'aime pas tellement.	I don't like it much.
la géographie	Je ne l'aime pas du tout.	I don't like it at all.
le dessin	Je le trouve affreux.	I really dislike it.
la chimie	Je déteste ça.	I hate it.
les mathématiques	J'ai horreur de ça.	I loathe it.

Look at the following sentences.

le latin	je **le** trouve très intéressant	latin: I find it very interesting
la musique	je **la** trouve formidable.	music: I find it great
les mathématiques	je **les** aime bien	maths: I like it

The words **le**, **la** and **les** in the second part of the sentence are used to replace the subject (or the **noun**) in the first part and come just before the verb.

Je déteste **le dessin**.   I hate art.
Je **le** déteste.   I hate it.
Je déteste **la musique**.   I hate music.
Je **la** déteste.   I hate it.
Je déteste **les mathématiques**.   I hate maths.
Je **les** déteste.   I hate it.

Note that before a verb beginning with a vowel or 'h' le or la will be shortened to l'. Les stays as les.

e.g. **le** français: je **l'**aime beaucoup.
   la musique: je **l'**aime bien.
   les mathématiques: je ne **les** aime pas du tout.

D Replace the words in bold type by le, la, l', or les.
1 Je connais **l'ami de Jean-Luc.**
2 Je connais **la mère de Marie.**
3 Je regarde **le film.**
4 Je donne **le cadeau** à mon frère.
5 J'ai **le temps.**
6 J'aime **les boums.**
7 Je vois **mes grands-parents.**
8 Je fais **mes devoirs.**
9 Je déteste **la biologie.**
10 Je trouve **le français** très intéressant.

In the negative the following pattern applies. Je ne regarde pas **la télévision**. Je ne **la** regarde pas. Je n'aime pas **le livre**. Je ne **l'**aime pas. Il ne donne pas **le cadeau** à sa mère. Il ne **le** donne pas à sa mère. Je ne trouve pas **les mathématiques** faciles. Je ne **les** trouve pas faciles.

Letter writing

E Fill in the gaps in this telephone message. You must instruct Jean-Luc to meet Pierre in front of the cinema at 20.00 on Friday, that there's a good film on and it costs 10 francs. Choose the missing words from the list underneath.

   Jean-Luc
Il faut __1__ Pierre __2__ le cinéma __3__ __4__ soir; il y a un __5__ film et ça coûte __6__.
dix francs, jeudi, remercier, à vingt heures, mauvais, bon, vingt francs, derrière, devant, rencontrer, à huit heures du matin, vendredi.

Read this letter in which Jean-Luc invites Peter to stay.

                                        Grenoble, le 5 mai
   Cher Peter,
      Je t'écris pour te demander si tu voudrais venir passer un mois de tes grandes vacances en France. Je voudrais bien te revoir, mes parents aussi. Ça nous fera plaisir. Il y aura beaucoup de choses à faire parce que la ville où j'habite maintenant est très grande et très intéressante.
      Écris-moi bientôt pour me dire ce que tu en penses.
                     À bientôt,
                                        Jean-Luc.

F Answer these questions.
1 Who wants to see Peter again?
2 How long does Jean-Luc invite Peter to stay for?
3 What does Jean-Luc say about the town where he now lives?

G Now read Peter's reply, filling in the gaps.

Londres, le 6 juin

Cher Jean-Luc,
____1____ de ta gentille lettre, qui m'a fait grand plaisir. ___2___
venir en France au mois de ___3___ et ___4___ très gentil de m'
___5___. Il faut ___6___ tes parents aussi pour l'invitation.
J'attends ma visite avec plaisir. ___7___ plus tard avec les détails
du voyage.

Amitiés,
Peter

1 Thank you very much **2** I would like **3** July **4** you are **5** to
invite **6** to thank **7** I will write

H This is the letter Peter wrote to Jean-Luc's parents after his visit
to France. Fill in the gaps, choosing your answers from the list
underneath.

Londres, le 15 août.

Chers Monsieur et Madame Machin,
____1____ beaucoup pour tout ce que vous avez fait pour moi
pendant mon séjour en France. Je garde un très bon souvenir de
mes ___2___.
  Je ___3___ vous remercier aussi pour ___4___ que vous m'avez
donné et le pique-nique pour le voyage. ___5___ le pain français!
C'était délicieux!
  C'était ___6___ de revoir Jean-Luc et j'aime ___7___ le français
avec lui.

Je vous remercie encore,
Peter.

voudrais
Je vous rencontre
J'adore
formidable
vacances chez vous
horrible
Je vous remercie
triste
le cadeau
Je déteste
parler

In this chapter we will revise how to talk about leisure activities and forms of entertainment such as radio and television, reading, films, concerts, We will also practise asking for details of performances and booking seats.

Useful words and phrases

Je voudrais aller voir un film.	I would like to go and see a film.
C'est un film en anglais?	Is the film in English?
Je voudrais une place pour ...	I would like one seat for ...
sous-titré	sub-titled
Jouez-vous d'un instrument de musique?	Do you play a musical instrument?
Je joue du piano, du violon et de la flûte.	I play the piano, violin and the flute.
(NB Jouer **de** with musical instruments)	
J'aime la musique classique/moderne/pop.	I like classical/modern/pop music.
Je voudrais réserver des places pour le concert du 30 mai.	I would like to reserve some seats for the concert on 30 May.
des places à 30 francs	30 franc seats
J'aime la lecture; je lis le journal et une magazine chaque jour.	I like reading; I read the newspaper and a magazine every day.
Je fais des promenades.	I go for walks.
Je joue au football et au tennis.	I play football and tennis.
(NB Jouer **à** with sports and games)	
un boum/une surprise-partie	a party
une distraction	amusement
un billet pour le théâtre	a ticket for the theatre
une vedette	a pop/film star
Quels sont tes passe-temps favoris?	What are your favourite hobbies?
avoir du temps libre	to have free time
Je suis membre d'un club.	I'm a member of a club.
occupé	busy
s'amuser	to have a good time
s'ennuyer	to be bored
affreux	terrible
agréable	nice
amusant	amusing
drôle	funny
cher	expensive
formidable	fantastic
pas mal	not bad

sensationnel	brilliant
surprenant	surprising
Comment c'était, le film? Sensationnel!	How was the film? Brilliant!
entrée libre	free entrance

Exercises

A letter about interests

Read this extract from a letter from a French penfriend.

. . . Je suis toujours très occupé pendant la semaine parce qu'il y a beaucoup de choses à faire. Par exemple le lundi je joue au foot avec des camarades de classe, et après nous allons au café pour bavarder. Mardi soir je chante dans une chorale. Bientôt nous participerons à un concert à l'église en ville. Je ne chante pas bien mais ça me plaît beaucoup. Mercredi je reste d'habitude chez moi, où je lis le journal ou des magazines; j'aime beaucoup la lecture, surtout les romans policiers. Toutes les deux semaines je joue du violon dans un orchestre mais je n'aime pas ça parce qu'il faut rester toute la soirée et c'est très ennuyeux. Jeudi je vais à la Maison des Jeunes pour regarder un film. Il y a toute une série de bons films en ce moment: la science-fiction, les films comiques, les films d'amour ou d'épouvante, c'est très bien. Vendredi soir je vais aux discos ou à une surprise-partie. Je préfère la musique classique mais j'aime aussi la musique pop. Comme tu sais je ne regarde pas beaucoup la télévision parce que je n'ai pas le temps mais j'adore écouter les informations à la radio le matin quand je me lève. Le weekend je fais des excursions ou des promenades ou je fais du sport et le samedi soir je vais au club de jeunes. Dimanche matin je vais à l'église à 10 heures, si je ne suis pas trop fatigué! . . .

A   Answer these questions.
1   Who does he play football with on Mondays?
2   Where do they go afterwards and why?
3   What does he do on Tuesday evenings?
4   Is he a good singer?
5   What is his favourite reading material?
6   Give two reasons why he doesn't like the orchestra.
7   What four sorts of films are shown on Thursday?
8   Where does he go on Fridays?
9   What is his favourite sort of music?
10   Why does he not watch television much?
11   When does he listen to the radio?
12   Where does he go on Saturday evenings?

B Find the French for:
1 There are lots of things to do.
2 I stay at home.
3 I like reading very much.
4 It's very boring.
5 I like classical music best.
6 I love listening to the news on the radio.
7 On Saturday evenings I go to the youth club.
8 I go to church.

C Use the letter written above to help you to explain the following.
1 On Mondays I play rugby at the youth club.
2 On Tuesdays I go to discos.
3 On Wednesdays I stay at home and watch a lot of television.
4 On Thursdays I go to the café with some schoolfriends.
5 On Fridays I do some sport if I'm not too tired.
6 At the weekend I play the violin in an orchestra on Saturday morning.

Conversation practice

D You overhear two French friends discussing a visit to the cinema this evening. Fill in the missing parts from the list underneath.

Roland Salut Jean.
Jean   Salut Roland. Ça va?
Roland Oui bien merci. __1__ d'aller au ciné ce soir.
Jean   Ah oui volontiers. Il y a __2__ à la Centrale je crois 'La
        guerre des boutons'. Je __3__ bien le voir. Et toi?
Roland Non j'ai vu ce film __4__ à la télévision. Si on allait voir
        'Souvenirs d'Afrique' à la Scala?
Jean   Ce serait bien. __5__ à quelle heure?
Roland Euh, à 21 heures. C'est la version française, ou on pourrait
        aller à 18 heures pour __6__ et le film est __7__ en francais.
Jean   Est-ce qu'il faut __8__?
Roland Non, ce n'est pas nécessaire.

réserver des places; ça t'intéresse; la version originale; ça commence;
sous-titré; mardi passé; un bon film; voudrais.

Plus tard: 20.30 devant le cinéma
Roland Si on entre?
Jean   Oui, il faut acheter les billets.
Roland Bonjour Madame. Ça coûte combien pour 'Souvenirs
        d'Afrique' s'il vous plaît?
Dame   Vingt-deux francs cinquante, Monsieur.
Roland Je voudrais deux places s'il vous plaît pour la version
        française. Voilà, un billet de 50 francs.
Dame   Merci Monsieur. Voilà la monnaie. Le film commence à 21
        heures. Bonne soirée.

E Find the French for:
1 to buy the tickets
2 How much is it?
3 I would like two seats please.
4 the French version
5 change
6 Have a good evening.

F Now it's your turn.
1 Greet the lady.
2 Ask for four seats for the film this evening.
✓3 Ask how much it is.
4 Ask if it's the French version.
✓5 Ask what time it starts.
6 Thank the lady.

G Now fill in your part in the following dialogue.
Bonjour Jacqueline. Ça va?
– Say you are well and ask how she is.
Oui, très bien.
✓– Ask if she is interested in going to a concert this evening.
Volontiers. Je suis libre ce soir. C'est un concert de musique
classique? Ou bien?
✓ – Say your brother is going to play the piano.
Ah, c'est bien, ça. Ça coûte combien les billets? Est-ce qu'il y a une
réduction pour étudiants?
– Say yes there is a reduction for students and it costs 10 francs.
Et c'est où ce concert?
– Say it's at the church in town.

Bon. On se rencontre devant l'église à quelle heure?
– Say the concert begins at 19.00.

THE CINEMA

Souvenirs d'Afrique
(Out of Africa), de S. Pollack Mus.: J. Barry. Av. R. Redford, M. Streep, K. M. Brandauer, M. Kitchen, 1re suisse, coul. (12 ans) P. fr. à 14.45, 21.00 V. o. s.-tr. fr.-all. à 18.00.

23, r. des Eaux-Vives, 36 04 22   SCALA

A 14.15: «**Bonnie and Clyde**» (Bonnie et Clyde), film américain en couleur d'Arthur Penn (1967), av. Warren Beatty, Faye Dunaway, Gene Hackmann, v. o. s.-t. fr.-all. (16 ans). – A 16.15: «**Les Liaisons dangeureuses**», film français de Roger Vadim (1959), av. Gérard Philipe, Jeanne Moreau, Jean-Louis Trintignant (16 ans). – A 18.15: «**Figures in a Landscape**» (Deux Hommes en fuite), film anglais en couleur de Joseph Losey (1970), avec Robert Shaw, Malcolm MacDowell, Henry Woolf, en v. o. s.-t. fr.-all (14 ans). – A 22.15: «**The Emerald Forest**» (La Forêt d'émeraude), film américain en couleur de John Boorman (1985), av. Powers Boothe, Meg Foster, Charley Boorman, v. o. s.-t. fr.-all (12 ans).

27, r. Voltaire, 44 94 44   VOLTAIRE/CAC

Salle Centrale. – Mardi et mercredi à 18.30 et 20.30: un film de Werner Herzog sur l'expédition de Reinhold Messner au Gasherbrum II et I, présenté par Eric Escoffier.

Mort à Venise
(Death in Venice), film de L. Visconti, av. D. Bogarde, S. Mangano, couleurs. Parlé angl, s-tit. fr.-all. à 15.00, 17.30, 20.00, 22.25. (14 ans.)

10, r. Rôtisserie, 28 10 11   ALHAMBRA

Salle communale de Confignon – A 20.30: Concert par l'Orchestre Saint-Pierre-Fusterie. Œuvres de G.-F. Händel, J. Haydn, A. Dvorak. Direction: A.-C. Prénat, Soliste: M. Tille. Entrée libre.

Fig. 1 Entertainment details

H Look at Fig. 1 taken from the entertainments page in a French newspaper and answer the questions.
   1 Look at the information on the film? *Souvenirs d'Afrique*. What are the French abbreviations used to tell you
   (a) that it's the original version (version originale),
   (b) that it's in French (français)?

2 What time does *Souvenirs d'Afrique* begin in the original version?

3 Give the address and phone number of the cinema where it's on.

4 How old do you have to be to watch *Bonnie and Clyde?*

5 Is the film *Figures in a Landscape* in colour?

6 If you were with a friend who was only 13, what two films could you view and where?

7 You love mountaineering and have heard there's a film about Reinhold Messner's expedition on Wednesday and Thursday at 21.00 in the Salle Centrale. Is this correct?

8 You want to see *Death in Venice*. What language is the film in?

9 It's Monday, 29 May at 20.20. What are your possibilities of entertainment for this evening?

10 You don't have much money so which do you choose? Why?

10 Sport

In this chapter we will revise the subject of sport: what to say when discussing sports you participate in or watch and how to enquire about other people's sports activities. We will also practise understanding notices and advertisements concerned with sports facilities or activities.

Useful words and phrases

Es-tu sportif? (sportive)	Are you sporty?
Quel est ton sport préféré?	What's your favourite sport?
Es-tu membre d'une équipe?	Are you in a team?
De quelle équipe?	Which team?
Nous avons gagné 5–0.	We won 5–0.
J'ai marqué un but.	I scored a goal.
perdre	to lose
le résultat	result
le terrain de sports	sports ground
le centre de sports	sports centre
la patinoire	ice rink
J'aime la course	I like running
le cyclisme	cycling
l'équitation	horse-riding

la natation	swimming
les sports d'hiver	winter sports
J'adore faire du ski.	I love skiing.
J'adore faire des promenades.	I love walking.
J'adore faire des promenades à velo.	I love cycling.
Je fais du sport tous les jours	I do some sport every day
une fois par semaine	once a week
deux fois par mois	twice a month
souvent	often
quelquefois	sometimes
rarement	rarely
de temps en temps	from time to time
C'est combien le prix d'entrée?	How much is it to get in?
J'ai un abonnement.	I've got a season ticket.
Deux billets à 20 francs s'il vous plaît.	Two 20 franc tickets, please.
courir	to run
une compétition/un concours	competition
le ballon	ball
Il y a 11 joueurs dans une équipe.	There are 11 players in a team.
la réparation	repair
la location	hiring
le jeu	game
Je suis débutant	I'm a beginner
moyen(ne)	middling
avancé	advanced

Negatives you will need to know

not	ne ... pas	e.g.	Je ne joue pas.	I don't play.
no longer/ no more	ne ... plus		je ne marche plus.	I don't walk any longer.
nobody	ne ... personne		Je ne regarde personne.	I'm not looking at anybody.
nothing	ne ... rien		Je ne dis rien.	I'm not saying anything.
never	ne ... jamais		je ne nage jamais.	I never swim.

Remember: the **ne** comes in front of the verb and the **pas** comes immediately after the verb.

Questions

A On 17 May 1986, millions of people all over the world took part in the Sport Aid 'Race Against Time' to raise money for famine relief in Africa. Read the advertisement and find the French for:

Fig. 1 Sport Aid Advertisement

1 a runner
2 Today it's your turn to run.
3 millions in the world
4 an organized race
5 your local paper
6 if you live in Paris
7 participate in the race against time.

Conversation practice

B Fill in your part in the following conversation.
Est-ce que tu es sportif?
– Say yes you are sporty.
Quel est ton sport préféré?
– Say you like football a lot and you play on Tuesday evening and
Sunday afternoon.
Quels autres sports pratiques-tu?
– Say you go skiing and cycling and you like running.
Now you ask the questions.
– Ask if he plays football.
Oui, je joue assez souvent au foot.
– Ask where.
Au terrain de sports.

– Ask if he's in a team.
Oui, je suis membre d'une très bonne équipe.
– Ask which team.
C Look at Fig. 2 and answer the questions.

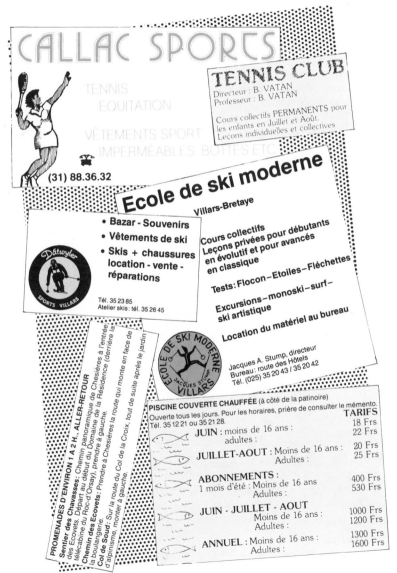

Fig. 2 Sports opportunities

1 What is Monsieur Stump the director of?
2 What two places hire out skis?
3 If you broke a ski where would you go?
4 Where are souvenirs advertised?
5 How long are the walks which are suggested?
6 You decide to go to Les Ecovets. How will you know which road you need to take in Chesières?
7 You want to go swimming.
  (a) Where is the swimming pool?
  (b) Is it heated?
  (c) On what days is it open?
  (d) How much would it cost for a 14 year old in August?
  (e) How much does a season ticket cost for an adult for one month?
8 Who runs the tennis club?
9 Where will you go for
  (a) some riding gear?
  (b) a new tennis racket?

Remember: In a question **quel** means which. The form of quel changes depending on whether it is singular or plural, masculine or feminine.

	masculine	feminine
singular	**quel**	**quelle**
plural	**quels**	**quelles**

e.g. Quel sport préfères-tu?   Which sport do you prefer?
      Quelle équipe?   Which team?
      Quels sports pratiques-tu?   Which sports do you do?
      Quelles équipes sont les   Which teams are the best?
      meilleures?

Sometimes you need to say first, second, third etc. instead of one, two, three etc.

1st	premier (première)
2nd	deuxième
3rd	troisième
20th	vingtième
100th	centième
last	dernier (dernière)

D You take a telephone message for your penfriend about his rugby match this weekend. He has to be at the stadium at 19.00 on Friday evening to play for the school team. Fill in the details choosing the missing words from the list given.

Tu dois être ___1___ à ___2 & 3___ pour ___4___ dans ___5___ du collège dans un match de ___6___.

samedi soir   football   courir   rugby   au stade   à la patinoire
dix-sept heures   vendredi soir   dix-neuf heures   nager   jouer
l'équipe

E Examine your programme for the week, and then fill in the
entries in French in your diary:

Monday   rugby match 20.00 at the stadium
Tuesday   football match 20.30 at the sports centre
Wednesday   swimming pool 18.00
Thursday   ice rink 20.00
Friday   swimming pool closed
Saturday   rugby championship at the stadium 14.00
Sunday   Bike ride with Jean-Paul
              evening: Tour de France on television

11 The tourist office

In this chapter we will revise asking for information in a tourist
office, understanding brochures you are given and notices you see
and how to write a letter requesting information.

Useful words and phrases

l'office de tourisme	est ouvert	The tourist office is open
le syndicat d'initiative	le lundi/	on Monday
	est fermé	closed on Tuesday
	le mardi/	
	est ouvert	open every day
	tous les	
	jours	
les jours fériés		public holidays
Je voudrais un plan de la ville.		I would like a street map.
Je voudrais un dépliant sur		I would like a brochure about
Trouville.		Trouville.
une liste des hôtels.		a list of hotels
Avez-vous une carte de la région?		Do you have a map of the area?
C'est gratuit?		Is it free?
C'est mon premier séjour à		It's my first visit to Trouville.
Trouville.		
les monuments principaux		the main sights
Qu'est-ce qu'il y a à à voir ici?		What is there to see here?

Il y a beaucoup de choses à voir à faire   There are lots of things to see to do
les renseignements   information
Bon séjour!   Have a good stay!

Fig. 1 A tourist office advertisement

Exercises

A Answer the following questions about the advertisement shown in Fig. 1.

1 Give the two names for 'tourist office'.

2 In the tourist season, on which days of the week is the tourist office open?

3 Out of season, at which times is the office open?

4 What is the address of this tourist office?
5 What is the telephone number?

B Link the words in the list 1–8 with their meanings A–H.

1	Fermé le lundi	A	Open at nine o'clock
2	Fermeture annuelle	B	Bank holidays
3	Ouvert à 9 h	C	Closed on Mondays
4	Les jours fériés	D	I would like
5	Un dépliant sur	E	Annual holiday
6	Je voudrais	F	A brochure about
7	Pâques	G	Easter
8	À partir du premier juillet	H	From the first of July

Dialogue

Read the following dialogue which takes place at the tourist office and answer the questions which follow.

Employé: Bonjour, Madame, je peux vous aider?
Touriste: Bonjour, Monsieur. Oui, je voudrais un plan de la ville s'il vous plaît.
Employé: Voilà, Madame. J'ai aussi un dépliant sur la ville et une carte de la région, ça vous intéresse?
Touriste: Oui volontiers. Qu'est-ce qu'il y a à voir dans la région?
Employé: Il y a beaucoup de choses à voir: des monuments célèbres, un musée, une exposition de peinture à partir du premier juillet et ce soir il y aura un concert à l'église à 20 heures. Attendez, je vous donne une brochure gratuite.
Touriste: Quand est-ce que le château est ouvert?
Employé: En été tous les jours sauf mardi, de 9 heures à 12 heures et de 14 heures à 18 heures.
Touriste: C'est combien pour visiter le château?
Employé: C'est 18 francs pour adultes et moitié prix pour enfants.
Touriste: Avez-vous une liste des hôtels?
Employé: Voilà Madame. C'est tout?
Touriste: Oui. Merci beaucoup Monsieur.

C Find the French for:

1	Can I help you?	8	an exhibition
2	I would like	9	this evening
3	a map of the town	10	free
4	a brochure	11	every day
5	a map of the area	12	except Tuesday
6	What is there to see?	13	half-price
7	There are lots of things to see.	14	a list of hotels

Conversation practice

D Use the conversation you have just read, to help you make up your part in the following dialogue:

1 Greet the man in the tourist office.
2 Say that you would like a map of the town.
√3 Ask what there is to see in the area. ✕
√4 Ask when the museum is open. ✕
√5 Ask how much it costs to visit the museum.
6 Thank the man very much.

Letter writing

You may wish to write to a tourist office in France for some information. Here are some important points for you to remember.
- You should write your address at the top right-hand side of your letter.
- Write the name and address of the tourist office you are writing to at the top left hand side.
- Underneath **your** address write the date.
- Begin with 'Monsieur' which means 'Dear Sir'.
- Ask for what you wish to receive. In the letter below this is a map of the town, a brochure, a list of campsites and information about sports facilities.
- You should end with the sentence 'Je vous prie d'agréer, Monsieur, l'expression de mes sentiments distingués' which means 'Yours sincerely'.
- Finally, sign your name and then print your name underneath your signature in brackets.

Study this example of a letter to a tourist office.

10 High Street
Cheshunt
Herts
Angleterre
le 17 mai 1987

Syndicat d'Initiative
14360 Trouville
France

    Monsieur,

    Je vous serais très reconnaissant de m'envoyer des informations sur Trouville. Voulez-vous m'envoyer un plan de la ville, un dépliant et une liste des campings s'il vous plaît. Je voudrais aussi savoir s'il y a des possibilités de sport dans votre ville.

    Je vous prie d'agréer, Monsieur, l'expression de mes sentiments distingués.

a. Baker

(A. BAKER, MR)

E   Write a letter in French to the tourist office at Grenoble, filling in the gaps, as indicated.
1 Your address
2 The date 11/6/87

3 Name and address of the tourist office in Grenoble
4 Dear Madam,
5 (Je vous serais très reconnaissant de m'envoyer) some information about Grenoble
6 (Voulez-vous m'envoyer) a brochure about the town and a list of hotels in the area

Fig. 2
Information about
Trouville

Renseignements Généraux

TROUVILLE 14360

HÔTEL DE VILLE	
Angle Boulevard F. MOUREAUX et Rue Amiral de Maigret	88.10.55
Ouverture du lundi au vendredi inclus, de 10 h. à 12 h.10 et de 13 h.30 à 17 h.30	
Maire : M' Christian CARDON	
Secrétaire Général : M' François LECADET	
	88.36.19
Président : M' Christian CARDON	
Directeur : M' Jean MOREAU	
SECURITE	
Police Secours	17
Commissariat de Police de TROUVILLE-DEAUVILLE	88.29.38
Gendarmerie Nationale	88.13.07
C.R.S. Poste de Secours, sur la plage	88.18.39
Vedette de Sauvetage «Amiral de Maigret»	88.28.09
Poste de Secours S.N.S.M.	
· Poste principal	88.28.09
· Poste des Roches Noires	88.13.59
Sapeurs-Pompiers	18
Caserne des Sapeurs Pompiers	88.16.18
Electricité, Gaz de France rue du Général de Gaulle · TOUQUES	88.14.09
Société des Eaux de TROUVILLE-DEAUVILLE 15, rue Gambetta · DEAUVILLE	88.03.24
Syndic des Gens de mer : M' Jacques POULAIN	88.36.21
Permanence à l'Hôtel de Ville de 9 h.30 à 12 h.	
LOISIRS	
Casino Municipal	88.76.09
Casino Municipal : à partir de 15 h. Salle de jeux (ouverture tous les jours)	88.57.16
Cinéma du Casino, Quai Albert 1er	88.78.19
Tennis : M' Bernard VATAN	88.91.62
Golf Miniature · Bar	
M.J.C. 22, rue du Général de Gaulle	88.52.62
Discothèque : le New Jimmy's (sous le Casino)	
Promenades en mer : Quai Albert 1er · M' PERCHEY	64.04.82
Loto · P.M.U. · Bar-Tabac : Le Phare, Boulevard F. Moureaux	88.03.09
Squash Saint Germain · M' GUERIN · 9, rue Saint Germain	88.20.31
Etablissements de bains, sur la plage	88.38.71
Club Hippique de l'Oxer, Route de Clairefontaine · TOURGEVILLE	88.99.51
P.M.U. : Le CHTIMI, rue V. Hugo	88.49.22
COMPLEXE NAUTIQUE (2 piscines) Bd de la Cahotte	
BIBLIOTHEQUE	
Bibliothèque Municipale, Hôtel de Ville	
Ouverture : le lundi et le vendredi de 15 h. à 17 h., le jeudi de 17 h.30 à 19 h.	88.16.26
MUSEE DE TROUVILLE, rue du Général Leclerc · Villa Montebello.	
Conservateur : Melle COLLET	
Ouvert en week-end à partir de Pâques au 15 juin	
Du 15 juin au 15 septembre : ouvert tous les jours sauf le mardi de 15 h. à 19 h.	
Du 15 septembre à Noël, ouvert tous les week-ends.	

F Fig. 2 shows the brochure that you receive from the tourist office in Trouville. You must select the information that interests you. Answer the following questions in English, making sure that you give as much information as you can.

1 You wish to locate the town hall. It is on the corner of which two roads?
2 When is it open?
3 Who is the Mayor?
4 What sports facilities are there in Trouville?
5 In the evening you want to go to the cinema. What number will you ring to find out what film is on?
6 Where is the disco?
7 When exactly is the museum open (a) in May (b) In July (c) in October?
8 When is the library open?
9 Your parents wish to go to the casino. When exactly does it open?

12 Travel

In this chapter we will revise the words and phrases necessary for talking about travel and holidays. We will revise names of countries and also the perfect tense.

Useful words and phrases

Je vais en France.	I'm going to France.
Je vais en Allemagne.	I'm going to Germany.
Je reste en Angleterre.	I'm staying in England.
Je passe une semaine à la campagne.	I'm spending a week in the country.
Je vais à l'étranger.	I'm going abroad.
voyager	to travel
une assurance	insurance
un pays	a country
passer les vacances de Noël	to spend the Christmas holidays
les vacances de Pâques	the Easter holidays
les grandes vacances	the summer holidays
une agence de voyages	a travel agency
s'amuser	to have a good time
à Douvres	in Dover/to Dover
à Londres	in London/to London

NB Always use **à** with towns to mean in or to.
Use **de** with towns to mean of or from.

il vient de Londres   he comes from London

Countries and their inhabitants

l'Allemagne	Germany	un(e) Allemand(e)	a German (woman)
l'Angleterre	England	un(e) Anglais(e)	an Englishman
l'Écosse	Scotland	un(e) Écossais(e)	a Scotsman
la France	France	un(e) Français(e)	a Frenchman
la Grande-Bretagne	Great Britain	un(e) Anglais(e)	a British person
l'Irlande du Nord	Northern Ireland	un(e) Irlandais(e)	an Irishman
le Pays de Galles	Wales	un(e) Gallois(e)	a Welshman
les États-Unis	the United States	un(e) Américain(e)	an American

PAYS DE GALLES
Masculine

Most countries are feminine in French. The word 'en' is used with this group when meaning **to** or **in** that country e.g. en France means either to France or in France.

Je vais en France.   I'm going to France.
J'habite en France.   I live in France.
Je reste en Angleterre.   I'm staying in England.

A few countries are masculine.
Je vais au Canada.   I'm going to Canada.
J'habite au Pays de Galles.   I live in Wales.

There are a few plural countries.
Je vais aux États-Unis.   I'm going to the United States.
Il habite aux Pays-Bas.   He lives in Holland.

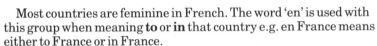

FRANCE
Feminine

De, du or **des** is used to mean of or from.
Je viens de France.   I come from France.

Remember to shorten de to **d'** before countries which begin with a vowel.
Tu viens d'Angleterre?   Are you from England?

Du is used with masculine countries.
Il vient du Canada.   He comes from Canada.
Je viens du Pays de Galles.   I come from Wales.

Des is used with plural countries.
Je viens des États-Unis.   I come from the United States.

ÉTATS UNIS
Plural

The perfect tense

When talking about holidays you have taken in the past, you will need to use and recognize the perfect tense. The perfect tense is a past tense; it is used for **completed** actions in the past.
For example   I went to Greece.
               She visited London.
For most verbs, the perfect tense is formed by using the present tense of avoir with the past participle of the verb in question.
For -er verbs the past participle is formed by removing the -er and adding -é, e.g. manger = mangé.
The past participle of -ir verbs ends in -i, e.g. finir = fini.
The past participle of -re verbs ends in -u, e.g. vendre = vendu.

A What are the past participles of the following?
1 choisir
2 attendre
3 donner

The perfect tense of manger is made up of the present tense of avoir plus the past participle mangé.

j'ai	mangé	I ate or I have eaten
tu as	mangé	you have eaten
il/elle/on a	mangé	he/she/one has eaten
nous avons	mangé	we have eaten
vous avez	mangé	you have eaten
ils/elles ont	mangé	they have eaten

The perfect tense of finir is as follows:

j'ai	fini	I have finished or I finished
tu as	fini	you finished

The perfect tense of vendre is as follows:

j'ai	vendu	I sold or I have sold
tu as	vendu	etc.

B What is the je form of the perfect tense of the following?
e.g. regarder: j'ai regardé
1 donner
2 choisir
3 entendre
4 danser

Some common verbs have irregular past participles and these need to be learned carefully.

infinitive	meaning	past participle
avoir	to have	eu
boire	to drink	bu

connaître	to know (a person or place)	connu
courir	to run	couru
croire	to think/ believe	cru
devoir	to have to	dû
dire	to say	dit
écrire	to write	écrit
être	to be	été
faire	to do, to make	fait
lire	to read	lu
mettre	to put	mis
mourir	to die	mort
naître	to be born	né
ouvrir	to open	ouvert
pouvoir	to be able	pu
prendre	to take	pris
recevoir	to receive	reçu
rire	to laugh	ri
savoir	to know (a fact)	su
venir	to come	venu
voir	to see	vu
vouloir	to want, to wish	voulu

Thus the perfect tense of prendre is
j'ai pris
tu as pris
il a pris   etc

and of être
j'ai été
tu as été
il a été   etc

C Match the following sentences 1–12 with their meanings A–L.

1 J'ai pris le train.
2 Tu as mangé des croissants?
3 Il a visité Londres.
4 Nous avons fait le voyage en avion.
5 Vous avez aimé la Grèce?
6 Ils ont vu la Tour Eiffel.
7 J'ai écrit à mon ami.
8 J'ai dû changer de l'argent.
9 J'ai lu le journal en français!

A He visited London.
B They saw the Eiffel Tower.
C He ran to Paris.
D I wrote to my friend.
E We did the journey by plane.
F I took the train.
G Did you eat croissants?
H I read the newspaper in French!
I   Did you like Greece?

10 Tu as mis les bagages dans le train?   J She opened the door.

11 Elle a ouvert la porte.   K Did you put the luggage in the train?

12 Il a couru à Paris.   L I had to change some money.

D How would you say the following in French?
1 I wrote   2 He said   3 We laughed   4 They saw
5 You (pl) wanted   6 You (s) made   7 I drank
8 She was able   9 He put   10 They took

E Read the following post card from a French friend.

Avignon, le 30 juillet

Salut!

   J'ai déjà passé une semaine ici. J'ai vu beaucoup d'endroits intéressants et j'ai visité plein de choses, des musées, des expositions, des monuments célèbres. J'ai beaucoup aimé les grands magasins à Nîmes. Je suis allé à Marseille mais je suis resté seulement quelques heures – affreux! Je suis parti tout de suite et je suis retourné ici à Avignon.

Jean-Luc

   Find the French for   1 I have spent   2 I have seen
3 I have visited   4 I liked

   Look at the second half of the postcard in which Jean-Luc wrote je **suis** allé, je **suis** resté, je **suis** parti and je **suis** retourné. The following group of 13 verbs take être in the perfect tense instead of avoir. There are six pairs of opposites plus retourner.

Arriver	partir	to arrive	to depart
Descendre	monter	to get out } to go down }	to get in } to go up }
Venir	aller	to come	to go
Entrer	sortir	to go in	to go out
Naître	mourir	to be born	to die
Tomber	rester	to fall	to stay
plus	retourner	to return	

The word **ADVENT** formed by the capitals above will help you to remember them.

F This is why Jean-Luc said je suis allé, je suis resté etc. How would he have said:
1 I arrived.
2 I got out in Avignon.
3 I went in.
4 I fell.
5 I went out?

Remember that three verbs on this list of 13 have an irregular past participle, given in the list on page 65.

They are	venir	past participle	venu
	naître	past participle	né
	mourir	past participle	mort

The remaining past participles are all regular.

So how would Jean-Luc have said:

6 I came to Avignon?

For these 13 verbs the present tense of être is used followed by the past participle. Here is the perfect tense of aller.

je suis allé	I went/I have gone
tu es allé	you went/you have gone
il est allé	he went/he has gone
elle est allée	she went/she has gone
nous sommes allés	we went/we have gone
vous êtes allés	you went/you have gone
ils sont allés ⎱	they went/they have gone
elles sont allées ⎰	

N.B. With verbs which take être, the past participle has to add an 'e' when the subject (i.e. the person who went) is feminine: e.g. a girl would say je suis allée or you would say about a girl, elle est allée.
Add an 's' when the subject is plural.

nous sommes allés
vous êtes allés
ils sont allés

Add 'es' when the subject is feminine and plural

elles sont allées

G Fill in the gaps in these sentences, choosing the correct form of the past participle in brackets.

1 Elle est _____ en ville (allé, allée, allés)

2 Jean-Luc est _____ en vacances (parti, partie, partis)

3 Il est _____ à Paris (descendue, descendues, descendu)

4 Nous sommes _____ à Avignon (arrivées, arrivé, arrivée)

5 Elles sont _____ en Italie (mort, mortes, morte)

6 Ils sont _____ en France (retourné, retournés, retournée)

7 Ils sont _____ dans la maison (entré, entrés, entrées)

8 Elle est _____ à l'école (venu, venues, venus, venue)

9 Elles sont _____ à la maison (restés, resté, restées, restée)

10 Anne-Marie est _____ à 6 heures (sorti, sortis, sortie, sorties)

H Read this extract describing how Pierre normally spends the summer holidays.

Je passe huit jours au bord de la mer et puis **je pars** à la ville d'Annecy à la montagne. **Je vois** beaucoup d'endroits formidables, et **je fais** des promenades. **Je nage** dans le lac et **je mange** beaucoup de gâteaux. **Je vais** en ville de temps en temps et **je regarde** des films au cinéma ou **je joue** au football. Quelquefois **je prends** un repas dans un restaurant. **Je m'amuse**.

Now put all the verbs in bold type into the perfect tense as if you were writing about last year's holiday.

I Which three verbs would have to change if it was Pierre's friend Marie writing in the perfect tense and what would they change to?

Conversation practice

J Mark is having a conversation about his foreign travels with a French friend. Fill in his part.
Alors, tu es déjà allé à l'étranger?
Say yes, you've been to France and to Switzerland and to the United States.
Ah, tu as beaucoup voyagé alors. Qu'est-ce que tu as fait pendant les vacances de Noël?
Say you stayed at home in England.
Qu'est-ce que tu as fait en Angleterre?
Say you went to London, you visited Cambridge and you saw three films at the cinema.
C'est bien ça.
Ask if he's been abroad.
Oui, je suis allé en Allemagne trois fois.
Ask if he liked his holidays in Germany.

K Write a postcard to your French penfriend saying the following:
1 I have spent a fortnight in Nice.
2 I have swum, drunk coffee and eaten some croissants.
3 I have visited Aix-en-Provence.
4 I have gone to see the shops in town.
5 I have enjoyed myself.

L You are extremely lucky and have a choice of three holidays next year. Your winter holiday could be at les Contamines.
Look at Fig. 1 and answer the questions.

1 In which two months are you offered this holiday at les Contamines?
2 How long will you stay in the hotel?
3 How far from the motorway is it situated?
4 Give the telephone number of the tourist office.
5 What is the price range for the holiday?
6 What is the altitude of the area?
7 Name the mountain mentioned in the advertisement.

BRIANÇON*
Hautes-Alpes
13/17 ans

La plus haute ville d'Europe (1326 m d'altitude) aux confins du Dauphiné et de la Provence, fortifiée par Vauban à la fin du XVIIème siècle, Briançon a conservé son cachet de l'époque.

ACTIVITÉS SPORTIVES ET RÉCRÉATIVES

Les jeunes pratiqueront trois activités sportives principales:
- **Équitation:** 5 à 7 journées complètes.
- **Canoë-kayak:** stage de 5 demi-journées.
- Initiation au camping fixe et itinérant avec découverte du milieu.
- **Autres activités:**
  - Natation.
  - Patinage.
  - Ping-pong.
  - Excursion (Italie).
  - Ateliers éducatifs.
  - Veillées.

HÉBERGEMENT

Relais de Nature: chalet de conception moderne.
Chambres de 4 lits avec lavabos douches et WC.
Salle d'activités.

TROUSSEAU

Voir conditions générales.
- Bonnes chaussures de marche, chaussettes de laine.
- Bottes en caoutchouc.
- Duvet, sac-à-dos indispensables.
- Pour le canoë: vieux pantalon, vieille paire de basket, K-way, vieux pull.

Blanchissage assuré.

TRANSPORT

Train au départ de Paris jusqu'à Briançon ITGV de Paris à Valence).

FORFAITS - 03/08.4.1.011

Départ 01/07 - retour 25/07
Départ 29/07 - retour 22/08

Paris/Paris	4.705
Lyon/Lyon	4.510
Marseille/Marseille	4.700
Séjour seul	4.315

LES CONTAMINES

1164 m — MONTJOIE 2500 m
Le Mont-Blanc côté Soleil

forfaits tout compris

456 à 1736 frs

JANVIER ET MARS
7 JOURS HÔTEL OU MEUBLE
ET 6 JOURS SKI ALPIN OU FOND

T.G.V. et AUTOROUTE à 12 km!

Office du Tourisme
74190 Les Contamines
BP 7 / Tél. (50) 47.01.58.

demande de documentation / tarifs 2

Nom

Adresse

LES VOYAGES DE PÂQUES

CIRCUIT MINIBUS EN ITALIE

Prix: 2595 F

ITINÉRAIRE:
- 1er jour: PARIS/LAUSANNE.
- 2ème jour: LAUSANNE/MILAN: Visite libre.
- 3ème jour: MILAN/VÉRONE/VENISE.
- 4ème jour: VENISE: Visite libre.
- 5ème jour: VENISE/RAVENNE/FLORENCE.
- 6ème et 7ème jours: FLORENCE: Visite libre.
- 8ème jour: FLORENCE/SIENNE/ROME.
- 9ème et 10ème jours: ROME: Visite libre.
- 11ème jour: ROME/PISE/MARINA DI MASSA.
- 12ème jour: MARINA DI MASSA/LAUSANNE.
- 13ème jour: LAUSANNE/PARIS.

Départ du 26/3 au 7/4   Prix: 2595 F

Ce prix comprend:
- L'assurance assistance.
- Le voyage en minibus.
- L'hébergement en A.J. ou hôtels et campings.
- La demi-pension.
- L'accompagnateur F.U.A.J.

Ce prix ne comprend pas:
- Les repas du midi.
- Les visites (musées).
- Les dépenses personnelles.

Voir les conditions particulières "expéditions en minibus" p. 53.

Formalités: Voir p. 15.

Fig. 1 Holiday advertisements

8 What type of weather is expected?
9 How much of the holiday will you ski for?
10 What is the TGV?
 Or you could choose an Easter holiday.
11 What country is this holiday to?
12 What means of transport will be used?
13 How long is it for?
14 What are the dates of the holiday?
15 How much does it cost?
16 Is insurance included in the price?
17 Are midday meals included in the price?
18 What about museum entry fees?
 Your third possibility is to go on a summer holiday for young
people in Briançon.
19 What age group is this holiday for?
20 What is special about the altitude at Briançon?
21 How many sporting activities will you participate in?
22 Name five sports you could choose between?
23 If you choose canoeing how much will you do and what special
clothes should you take?
24 How many people share a room?
25 What means of transport is used?
26 What is the earliest departure date for the first holiday there.

 You decide on the holiday in Briançon and need to fill in the
application form giving as many details as you can. Fill in the
sections marked with a cross in Fig. 2.
(Here is some of your information. You will be joining and leaving
the party at Paris, you'll enclose a cheque, you're brilliant at
swimming and tennis, a beginner (débutant) at sailing and medium
at riding. You've never done any computing. Your other sports are
football and rugby. Add anything else you can.)

Fig. 2 A holiday application form

BULLETIN D'INSCRIPTION

**A ADRESSER OBLIGATOIREMENT
A VOTRE DÉLÉGATION RÉGIONALE**

**REMPLIR TOUTES LES RUBRIQUES
EN LETTRES CAPITALES D'IMPRIMERIE ET TRÈS LISIBLEMENT.
NE PAS OUBLIER CHÈQUE D'ARRHES ET SIGNATURE.**

PROGRAMME CHOISI	RÉFÉRENCE	DATES	PRIX

X Centre : _____

Option : _____   X Séjour + voyage ☐ Au départ de : _____   Séjour seul ☐

X **PAIEMENT** : Ci-joint chèque d'arrhes d'un montant de : _____ F   ☐ CCP   ☐ CHÈQUE BANCAIRE   ☐ MANDAT-LETTRE

X Du ☐☐☐☐ X au ☐☐☐☐ X ☐☐☐☐☐☐☐ F

**SÉJOURS A L'ÉTRANGER
FORMULES SPÉCIALES POUR PARTICIPANTS INDIVIDUELS**

Mode de transport utilisé : _____

Dates/Horaires de voyage

(transport aérien, préciser numéros de vol et aéroports)

Voyage aller : _____

Voyage retour : _____

Accueil et transfert demandé :   oui ☐   non ☐

Lieu de prise en charge : _____

VACANCES SPORTIVES   TAILLE :   POIDS :   POINTURE :

X **Avez-vous déjà pratiqué :**

                              Niveau

X **Micro-informatique ?**   Débutant ☐   Bon ☐   Très bon ☐
X **la natation ?**   Débutant ☐   Bon ☐   Très bon ☐
X **le tennis ?**   Débutant ☐   Bon ☐   Très bon ☐
X **l'équitation ?**   Débutant ☐   Bon ☐   Très bon ☐
X **la voile ?**   Débutant ☐   Bon ☐   Très bon ☐
X **Autres sports ?** _____

**2 PHOTOS
RÉCENTE
A FIXER
(indiquer le
nom au
verso par
précaution)**

PARTICIPANT : NOM	X PRÉNOM	X DATE NAISSANCE Jour Mois Année	X SEXE M/F	X NATIONALITÉ	X PROFESSION	POSSESSEUR DE PERMIS SNCF
_____	_____	☐☐☐☐☐☐☐	_____	_____	_____	(réduction supérieure à 50 %) ☐ oui ☐ non

---

ADRESSE DES PARENTS OU DU REPRÉSENTANT LÉGAL

X NOM _____ X Prénom _____

X Rue _____

X Code Postal _____ Ville _____

X Tél. Domicile _____ Tél. Travail : Père _____

                   Mère _____

N° Sécurité Sociale _____

ADRESSE POUR RENSEIGNEMENTS UNE SEMAINE AVANT LE DÉPART

NOM _____

Prénom _____

Rue _____

Code Postal _____ Ville _____

Tél. _____

SCOLARITÉ

CLASSE (cette année scolaire) : _____ X 1re LANGUE : _____   X 2e LANGUE : _____

X NBRE D'ANNÉES D'ÉTUDES DE LA LANGUE : _____   NBRE DE SÉJOURS LINGUISTIQUES DÉJÀ EFFECTUÉS : _____

Adresse de la famille d'accueil où le jeune désire retourner : _____

CARACTÈRE

SPORTS PRATIQUÉS : _____   X NOMBRE DE FRÈRES ET DE SŒURS ET AGES : _____

INSTRUMENTS DE MUSIQUE PRATIQUÉS : _____   X PROFESSION DE LA MÈRE : _____

PASSE-TEMPS, INTÉRÊTS PARTICULIERS : _____   X PROFESSION DU PÈRE : _____

Aime-t-il les animaux domestiques ? : _____

PERSONNE A CONTACTER EN CAS D'URGENCE PENDANT LE SÉJOUR :

NOM _____ Prénom _____

Adresse _____

Code postal _____ Tél. _____

13 Accommodation

In this unit we will practise the language needed to understand information about, and to book into, hotels, youth hostels and campsites.

Useful words and phrases

A l'hôtel / At the hotel

Est-ce que vous avez des chambres de libre?
Do you have any rooms free?

Pour combien de personnes et pour combien de temps?
For how many people and for how long?

Pour une personne pendant trois jours.
For one person for three days.

Je voudrais une chambre à deux personnes s'il vous plaît.
I'd like a room for two people please.

Je voudrais réserver une chambre pour cinq nuits.
I would like to reserve a room for five nights.

Avec bain/avec douche
With a bath/with a shower

Ça coûte combien?
How much is it?

C'est 100 Francs par nuit.
It's 100 Francs a night.

Avez-vous quelque chose de moins cher?
Do you have anything cheaper?

Nous la prenons.
We'll take it.

Non, c'est trop cher.
No, it's too expensive.

Le petit déjeuner est compris?
Is breakfast included?

Voici la clé.
Here's the key.

Chambre numéro 101. C'est au premier étage.
Room 101. It's on the first floor.

Il faut remplir la fiche.
You have to fill in a form.

Votre nom s.v.p.?
Your name please?

On peut téléphoner d'ici?
Is there a phone?

un ascenseur — a lift
le bureau — office
le directeur — the manager
l'hôtel est complet — the hotel is full
la sortie — exit
la note s.v.p. — the bill please

Au camping / At the campsite

Est-ce qu'il vous reste de la place pour une tente/une caravane?
Do you have room for a tent/caravan?

Vous voulez rester combien de temps?
How long do you want to stay?

une semaine — a week

Vous êtes combien?	How many of you are there?
Trois adultes et un enfant.	Three adults and one child.
Je suis seul.	I'm on my own.
Ça fait huit francs par jour pour une tente.	It's eight francs a day for a tent.
eau potable/eau non potable	drinking water/not drinking water
l'eau chaude/l'eau froide	hot water/cold water
J'ai besoin de ...	I need ...
faire du camping	to go camping
il est interdit de ...	it is forbidden to ...
une salle de jeux	games room
une auberge de jeunesse	youth hostel
un dortoir	dormitory
un drap	sheet
un sac de couchage	sleeping bag
louer	to hire
la location	hiring
un lavabo	a washbasin
une poubelle	dustbin
plein	full
propre	clean
sale	dirty

Hotels

Read the following dialogue at a hotel reception.

Propriétaire	Bonsoir Monsieur. Je peux vous aider?
Touriste	Bonsoir Madame. Oui. Avez-vous des chambres de libre?
Propriétaire	Oui. Pour combien de personnes?
Touriste	Pour moi seul. Je voudrais rester trois nuits à partir d'aujourd'hui.
Propriétaire	Bon. Nous avons une chambre au deuxième étage avec salle de bain ou une chambre au premier étage avec douche.
Touriste	Est-ce qu'il y a un ascenseur?
Propriétaire	Oui Monsieur. Là-bas.
Touriste	Bon je prends la chambre au deuxième étage. Ça coûte combien?
Propriétaire	90 francs Monsieur. Le petit déjeuner est compris.
Touriste	Le petit déjeuner est à partir de quelle heure?
Propriétaire	Vous pouvez le prendre à partir de six heures. Votre nom s'il vous plaît?
Touriste	Monsieur Martin.
Propriétaire	Merci. Voilà votre clé. Je monterai la valise.

Learn.

A Answer these questions in English.
1 How many people does the tourist want the room for?
2 How long is he going to stay?
3 Which room does he take?
4 Is breakfast included in the price?
5 What time is breakfast from?
6 What's the man's name?

Conversation practice

B Fill in your part in the following dialogue.
You	Greet the hotel owner.
Propriétaire	Bonsoir Monsieur. Je peux vous aider?
You	Say yes, you'd like a room for two people.
Propriétaire	Pour combien de nuits et à partir de quand?
You	Say for three nights from today.
Propriétaire	Voudriez-vous un bain ou une douche?
You	Say you'd like a room with a shower and ask how much it is.
Propriétaire	Ça coûte <u>110 francs</u>. *cent dix francs*
You	Say that it's too expensive. Ask if he has <u>anything</u> *de moi* cheaper.
Propriétaire	Il y a une chambre près de l'ascenseur à 90 francs.
You	Say yes, you'll take that one. Ask if breakfast is included.
Propriétaire	Non, le petit déjeuner n'est pas compris. Ça coûte 12 francs et c'est à partir de six heures et demie. On le sert dans les chambres.

Fig. 1 Hotel advertisements

You	Thank the owner and <u>ask him to take the luggage up.</u> <u>Ask also if there's a phone.</u>
Propriétaire	Oui, là-bas. Il faut remplir la fiche s'il vous plaît.

Comprehension

C Look at the publicity material in Fig. 1 and answer the questions which follow.

1 What is the address of the Carmen hotel?
2 What day is its restaurant closed?
3 When is the Reynita hotel closed?
4 Does this hotel have a good restaurant?
5 How far is it from the beach?

D Read the letter shown in Fig. 2 and answer the questions.

Fig. 2
Booking
a hotel

Monsieur le Propriétaire
Hôtel Beauséjour
62 Grande Rue
21000 DIJON
FRANCE

7 Sloane Square
Londres
GRANDE BRETAGNE

Londres, le 1er juin 1987

  – Monsieur,

    Mes parents, ma sœur et moi-même avons l'intention de passer quelques jours à Dijon au mois d'août. Des amis nous ont recommandé votre hôtel et je vous écris pour réserver deux chambres.

    Nous arriverons dans la soirée du samedi 2 août et repartirons le lundi 4 août dans la matinée. Auriez-vous deux chambres pour deux personnes pour ces deux nuits? Mes parents voudraient une chambre avec salle de bain. Est-ce que le petit déjeuner est compris dans le prix?

    Est-ce qu'il sera possible de dîner à l'hôtel? Aussi, mon père demande s'il y a un garage.

    Faites nous savoir si nous devons verser des arrhes.

    Recevez, Monsieur, l'expression de mes sentiments distingués,

      Basil Fawlty

1 What are the four pieces of information the writer requests?
2 Find the French for
   (a) to spend a few days
   (b) in the month of August
   (c) I am writing to you to reserve two rooms
   (d) in the evening
   (e) we will leave in the morning
   (f) for two people for two nights
   (g) my parents would like a room with a bathroom
   (h) is breakfast included?
   (i) to have dinner in the hotel
   (j) to pay a deposit

E Now using the letter given above, write the letter described below.
  1 Put your address and the town and date on the right hand side at the top.
  2 Put the address of either of the hotels from Fig. 1 with a town name in France on the top left hand side.
  3 Dear Sir
  4 My parents and I intend to spend a few days in (name of town) in the month of April.
  5 Some friends have recommended your hotel to us.
  6 I would like to reserve two rooms for five nights, with a shower.
  7 We will arrive in the evening of 20 April.
  8 How much is it?
  9 Is breakfast included?
 10 How much are the meals?
 11 Let us know if we need to pay a deposit.
 12 Yours faithfully
 13 Your signature

Youth hostels

F You decide to go youth hostelling in Brittany for your holidays. Look at the map in Fig. 3 giving the position of youth hostels in this area of France and study the information about three hostels; Concarneau, St-Brieuc and Trebeurden.

  1 What is the postal address of the hostel at Concarneau?
  2 You will have to arrive by bus. Where in Concarneau will you get off?
  3 Is this hostel open all year?
  4 How many beds does it have?
  5 Can you hire sheets?
  6 Is there a kitchen?
  7 Is there breakfast?
  8 In what season is it possible to have all meals provided there?

ransports - accès				AUBERGES DE JEUNESSE / AJ			accueil - services								individuels		groupes
				Auberge de Jeunesse 🏠												repas	accueil
				Auberge de Jeunesse simple 🏠													
				Relais 🔺													
				A J sous tentes 🔺													
				Centre d'hébergement associé ■													
...en	Car	Concarneau	Port	**CONCARNEAU** Place de la Croix - B P 85 - 29110 CONCARNEAU	(98) 97 03 47	🏠	11/31.12	98							●	O + été + P	●
...c / 2 km				**ST-BRIEUC** "Ty Coat" rue Alphonse Daudet - 22000 ST-BRIEUC	(96) 61 91 87	🏠	11/31.12	76	20	4 T				●	●	été	●
...10 km	Cars verts	Trebeurden	Terminus	**TREBEURDEN** Le Toeno - 22560 TREBEURDEN	(96) 23 52 22	🏠	11/31.12	56	20	30 pl.				●		été	●

Fig. 3 Three youth hostels

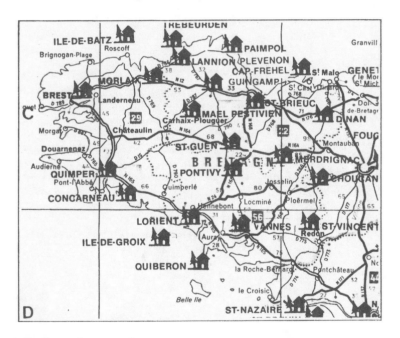

9 Do they take groups?
10 You will then move on to the hostel at St-Brieuc. How far is the station from the hostel?
11 What's the phone number of this hostel?
12 How many extra places do they have for tents?
13 Are meals provided?
14 You then go to your third hostel, at Trebeurden. Describe the

travelling arrangements necessary to reach it.
15 In which hostel are there no camping facilities.
16 Which is the smallest hostel in terms of the number of people they can take?
17 In which hostel can you hire bikes?

Fig. 4 Confirming a booking

F U A J

comité de gestion auberge de jeunesse · rue d'ugny · 02300 chauny · télephone 52.09.96
compte bancaire n° 8432079 u   crédit lyonnais

┌   ┐
                      St. Mary's High School
                      CHURCHGATE
                      CHESHUNT
└   HERTS. EN8 9ED   ┘

                      Chauny, le 5 Mars 1986

Monsieur, Madame

Suite à votre lettre que je viens de recevoir pour votre
réservation de la nuit du 14 MAI 1986, il n'y a pas de
problèmes, car il y a de la place pour recevoir les deux
autres professeurs avec leur bébé, donc vous serez à 39
personnes en tout.

Je vais vous joindre un imprimé de réservation que vous
voudrez bien me remplir, surtout indiquer l'heure de votre
arrivée et l'heure que vous désirez prendre votre repas
du soir, et me renvoyer cet   imprimé dès que possible
ainsi que 25% d'arrhes.

Dans l'attente de vous recevoir , Monsieur, Madame, Veuillez
je vous prie l'expression de mes sentiments distingués.

                      LA MERE AUBERGISTE

Voici les tarifs depuis le 1er Mars 1986
REPAS:........... 31,00F. (sans boisson)
HÉBERGEMENT.... 30,00F.
PETIT DÉJEUNER... 9,50F.
SAC DE COUCHAGE.. 11,00F. (si toutefois vous en
                      avez besoin)

fédération unie des auberges de jeunesse

G Read the letter in Fig. 4 concerning a school group that has booked into a youth hostel, and decide which two things they will need to reply to as well as filling in a reservation form. What else will they need to send with their reply?

H Now you are going to complete an answer to this letter. Set out the letter as you should for a formal letter. You can refer to Fig. 2 for some help. The following outline will help you; fill in the gaps.
  Merci de votre lettre du 5 mars. Veuillez trouver ci-joint l'imprimé de réservation
(say: as well as 25 per cent deposit)
  Nous allons arriver
(say at what time you will arrive)
  Nous désirons prendre le repas du soir
(say at what time you will have your evening meal.)
End the letter as you should.

Campsites – conversation practice

I Fill in your part of the following dialogue when you arrive at the campsite.

Au bureau d'accueil du camping Saint-Brieuc.

Employée Bonjour Monsieur
You   Greet the lady and ask if she has room for one tent and a
      caravan.
Employée Oui. Vous voulez rester combien de temps?
You   Say you would like to stay one week.
Employée Vous êtes combien?
You   Say two adults and two children
Employée Bon. Il y a un emplacement là-bas devant les arbres. Ça
      va?
You   Say yes, how much does it cost?
Employée Ça fait 12 francs par jour pour une tente, 15 francs par
      jour pour une caravane et 3 francs par personne.
You   Thank the lady very much.

Quinze minutes plus tard.

Employée Je peux vous aider?
You   Ask if the water is drinking water and if there is a games
      room. jeux
Employée Oui, l'eau est potable à tous les robinets du bloc sanitaire
      et la salle de jeux est ici à côté.
You   Say you need some matches. j'ai besoin de.
Employée Il y a un magasin là-bas qui est ouvert de 18 heures à 20
      heures. Vous pouvez y acheter des allumettes.

You	Ask where the dustbins are.
Employée	Elles sont derrière le bloc sanitaire.
You	Thank the lady.
Employée	Vous êtes anglais?
You	Reply to her question.

14 Town and geographical surroundings

In this chapter we will practise giving information about your town or village and the surrounding area. We will also practise asking questions and understanding the information given by others.

Useful words and phrases

Où habites-tu/Où habitez-vous?	Where do you live?
J'habite Londres, la capitale de l'Angleterre.	I live in London, the capital of England.
J'habite Cheshunt, une petite ville au nord de Londres.	I live in Cheshunt, a small town to the north of London.
J'habite Newcastle, une grande ville dans le nord de l'Angleterre.	I live in Newcastle, a big town in the north of England.
J'habite un petit village dans le Sussex.	I live in a little village in Sussex.
C'est où exactement?	Where is that exactly?
au sud	to the south
à l'est	to the east
à l'ouest	to the west
C'est à quelle distance de . . . ?	How far is it from . . . ?
C'est à 20 kilomètres de . . .	It's 20 kilometres from . . .
C'est à 20 minutes de . . .	It's 20 minutes from . . .
Décris ta ville/Décrivez votre ville.	Describe your town.
C'est une grande ville où il y a beaucoup de distractions.	It's a big town where there's a lot to do.
Il y a un aéroport.	There is an airport.

un centre commercial	shopping centre
un château	castle
une église	church
une gare	railway station
une gare routière	bus station
un hôtel	hotel
un hôtel de ville/une mairie	town hall
un magasin	shop
un marché	market
des monuments célèbres	famous monuments
un musée	museum
une place	town square
une poste/P.T.T./P et T	post office
un quartier touristique	tourist area
une usine	factory
Décris la région.	Describe the region.
C'est à la campagne	It's in the country
au bord de la mer	by the sea
dans la banlieue	in the suburbs
près de la plage	near the beach
On n'est jamais loin de la campagne.	You're never far from the country.
C'est une région où on fait de bon vin.	It's a region where they make good wine.
C'est un endroit intéressant	It's an interesting place
laid	ugly
ennuyeux	boring
agréable	pleasant
historique	historical
touristique	touristic
un bois	a wood
une forêt	forest
un lac	lake
une ferme	farm
un fleuve/une rivière	river
un port	port
un pont	bridge
Le quartier au nord de la ville est une zone industrielle.	The area to the north of the town is an industrial zone.
La ville est jumelée avec Avignon.	The town is twinned with Avignon.
Combien d'habitants ya-t-il?	How many inhabitants are there?
Il y en a 20 000.	There are 20 000.
Combien de cinémas y a-t-il?	How many cinemas are there?
Il y en a plusieurs.	There are several.

Il y en a un.
Ma ville se trouve près de
  Londres.
Ça te plaît, ta ville?
J'aime beaucoup ma ville.
Je n'aime pas mon village.

There's one.
My town is situated near
  London.
Do you like your town?
I like my town very much.
I don't like my village.

Two important verbs

connaître
savoir
Je connais bien Genève.
Je le connais très bien.
Je sais que Londres est une
  grande cité.

to know (a person or place)
to know (a fact)
I know Geneva well.
I know him very well.
I know that London is a big city.

Connaître
Je connais
Tu connais
Il connaît
Nous connaissons
Vous connaissez
Ils connaissent

Savoir
Je sais
Tu sais
Il sait
Nous savons
Vous savez
Ils savent

Depuis

Look at these three sentences.
J'habite ici depuis six mois.

I have been living here for
  six months.

J'apprends le français depuis
  cinq ans.

I have been learning French for
  five years.

Je le connais depuis 10 ans.

I have known him for 10 years.

The present tense of the verb is used with depuis to say how long you
have been living somewhere, learning French etc. and are still doing
so.

A Match the following sentences 1–4 with their meanings A–D.

1 J'attends ici depuis 10
  minutes.

A He has been living in France
  for three years.

2 Il habite en France depuis
  trois ans.

B I have been learning German
  since September.

3 J'apprends l'allemand depuis
  septembre.

C They've been living there
  since their marriage.

4 Ils y habitent depuis leur
  mariage.

D I've been waiting here for 10
  minutes.

Dialogue

In the following dialogue Eric tells us about where he lives.
– Où se trouve la ville que tu habites?

Eric: Ma ville se trouve dans le sud-est de l'Angleterre, pas très loin de Londres.
– Depuis quand y habites-tu?
Eric: J'y habite depuis que je suis né.
– Où travaillent la plupart des habitants?
Eric: La plupart des habitants travaillent à Londres. Ils vont à Londres par le train tous les jours.
– Fais la description de ta ville.
Eric: Dans ma ville il y a l'hôtel de ville, un château, quelques musées, un cinéma, un théâtre, un centre commercial, beaucoup de magasins, de nombreux supermarchés, un syndicat d'initiative, un vieux quartier avec de vieilles maisons. Il y a aussi des bâtiments modernes et des usines.
– Est-ce qu'il y a des choses que tu n'aimes pas dans ta ville?
Eric: Je n'aime pas toutes les voitures et la pollution.
– Qu'est-ce qu'il y a à faire le soir ou le weekend?
Eric: On peut aller au théâtre, au cinéma; on peut aller danser dans les discos ou aller au café. J'aime beaucoup ma ville.

B Find the French for:
1 My town is situated in the south-east
2 Not very far from London
3 I have lived there since I was born
4 Most of the inhabitants work in London
5 Lots of shops, numerous supermarkets
6 an old quarter with some old houses
7 I don't like all the cars
8 What's there to do in the evenings?

C Now answer these questions in English.
1 How do most of the inhabitants get to work?
2 Which of the following does Eric say his town has?
   Town Hall, three restaurants, factories, an airport, a library, some museums, a tourist office, a bus station
3 What two things does he dislike in his town?
4 What four places does he suggest to go to in the evenings?

Conversation practice

D Fill in your part in this conversation in which you are describing your town to a French friend.
Où habites-tu alors?   ✓ LEARN .
– You say you live in a big town in the north of England.
C'est à quelle distance de Londres?
– You say it's 300 kilometres from London.
Est-ce qu'il y a beaucoup de distractions?
– You say, yes, there's lots going on.
Qu'est-ce qu'il y a à faire le soir là-bas?

– You say there are <u>some</u> cinemas, some restaurants, some discos and a theatre.

des :

Ça te plaît, ta ville?

– You say yes, you like your town very much.

E Which questions would you ask about someone's town to get the following answers?

1 J'habite Annemasse.

2 C'est à 300 kilomètres de Paris.

3 Oui, il y a beaucoup de distractions.

4 Non, je n'aime pas ma ville.

5 Il y en a 75 000.

6 J'y habite depuis que je suis né.

F Fill in the spaces in the description on p 85 with the most suitable phrases chosen from those in brackets.

ABBEVILLE
EN PICARDIE

A 15 km d'Abbeville commence la vaste forêt de Crécy et à 30 km, dominant la vallée de la Bresle, on trouve la forêt d'Eu.

Office de Tourisme

SYNDICAT D'INITIATIVE ★★★

MAISON DU TOURISME
PLACE DE LA LIBÉRATION
Tél. (22) 24.27.92
80100 ABBEVILLE

Fig. 1

RENSEIGNEMENTS GENERAUX
Abbeville (Abbevillois)

Chef-lieu d'arrondissement sur la Somme ; altitude 20 mètres ; 27.000 habitants ; distance de Paris 157 km par la route, 176 par voie ferrée ; distance comparable de Londres ; port maritime relié à Saint-Valéry sur Somme par un canal rectiligne de 14 km ; important centre commercial ; zone industrielle.

POUR VISITER ABBEVILLE

Partir de la maison du Tourisme, place de la libération.

Maison du Tourisme
Siège du Syndicat d'Initiative (TSI)
Permanence du Touring-Club de France. Bureau de renseignements, change, Expositions permanentes, Salle d'accueil et de lecture. Entrée libre.

Hôtel de Ville et son Beffroi
Construction moderne élégante.

J'habite un petit village à la montagne. J'aime beaucoup mon village car la région est très _____ (agréable, laide, ennuyeuse) et j'y habite depuis que je suis né. Il y a plusieurs magasins, une banque, une poste, un café et une église. C'est tout. Il y a un marché tous les mercredis. La région est _____ (dans la banlieue, près de la cité, à la campagne) et il y a beaucoup de _____ (fermes, usines). C'est une région _____ (touristique, industrielle) avec une rivière et des lacs où on peut nager et _____ (une forêt, une zone industrielle) où on fait des promenades. Je suis content d'y habiter.

G Look at Fig. 1 about Abbeville in Northern France and answer the questions which follow.
1 How many inhabitants does the town have?
2 How far is it from Paris by road?
3 What phrases in French tell you it has (a) industry (b) commerce?
4 Where is the tourist office situated?
5 What are you told about the building which houses the town hall?
6 How far away are the two forests and what are they called?

15 Finding the way

In this chapter we will practise asking the way and giving and understanding directions to various places. We will also revise how to give commands in French.

Useful words and phrases

Excusez-moi Madame ⎤ Pardon, Monsieur ⎦	Excuse me
Où se trouve la gare, s'il vous plaît?	Where is the station, please?
C'est loin?	Is it far?
Est-ce qu'il y a une banque près d'ici?	Is there a bank near here?
Je cherche . . .	I'm looking for . . .
Voulez-vous répéter plus lentement?	Would you repeat it more slowly please?
Je n'ai pas compris.	I didn't understand.
Le bus pour la gare s'arrête ici?	Does the bus to the station stop here?
Est-ce qu'il y a un bus?	Is there a bus?

C'est à dix minutes à pied.	It's ten minutes on foot.
Prenez la première/deuxième rue à gauche.	Take the first/second road on the left.
Tournez à droite.	Turn right.
Continuez tout droit.	Continue straight on.
Traversez la rue.	Cross the road.
une déviation	diversion
au coin	at the corner
le feu rouge	the traffic lights
le carrefour	crossroads
le rond-point	the roundabout
le passage à niveau	the level crossing
toutes directions	all directions
La piscine est à côté de l'église.	The swimming pool is beside the church.
en face de	opposite
près de	near
devant la piscine	in front of the swimming pool
derrière la poste	behind the Post Office
entre la Mairie et la bibliothèque	between the town hall and the library

How to say 'must' and 'have to'

You can use the phrase 'il faut' which means 'it is necessary' followed by the infinitive of the verb for whatever it is necessary to do.

e.g. il faut aller	it is necessary to go/I have to go
il faut traverser la rue	it is necessary to cross the road/ you must cross the road

Il faut always stays the same, whoever the person is who has to do something and can therefore mean I must, you must, we must etc.

The verb devoir means must or to have to

Je dois	Nous devons
Tu dois	Vous devez
Il doit	Ils doivent

Directions

A Match the French road signs in Fig. 1 with the most suitable phrase below.

A Au feu rouge	G Hôpital
B Au rond-point	H Arrêt d'autobus
C Au carrefour	I Passage clouté

Fig. 1
Road signs

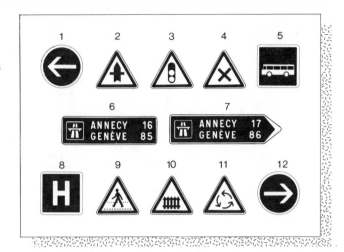

D Continuez tout droit
E Tournez à gauche
F Tournez à droite

J Passage à niveau
K Tournez à droite pour Annecy
L Annecy est à 16 kilomètres

Giving commands

Look at these phrases.
Tournez à gauche
Continuez tout droit
Traversez la rue
These are all commands telling you what to do. Take the tu or vous form of the present tense of the verb and just leave out the words tu and vous and use the other part of the verb by itself.

e.g. tu prends le bus	you take the bus	→ prends le bus!	Take the bus (Speaking to one person)
vous allez	you go	→ allez!	Go! (speaking to several people)
vous traversez	you cross	→ traversez!	Cross!

For verbs whose infinitive ends in -er, you must take off the final 's' from the tu form of the verb

e.g. tu regardes	you look	regarde!	Look!
tu manges	you eat	mange!	Eat!

You are having a motoring holiday in France with your family and are given some complicated directions to find the right road. Here is some practice to help you understand directions.

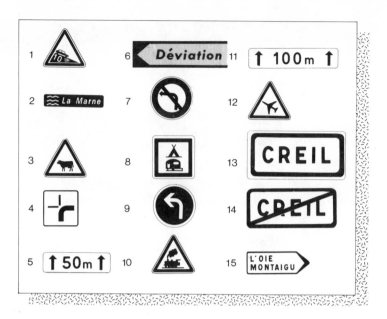

Fig. 2 More road signs

B Match the road signs 1–15 in Fig. 2 with the meanings A–O below. For example number 1 is B, Descendez la pente.

A Puis continuez pour cent mètres.
B Descendez la pente.
C Ensuite il y a une déviation.
D Vous verrez la gare à votre droite
E Vous allez passer une ferme.
F Après la ville il faut continuer tout droit.
G Tournez à droite au carrefour.
H Ensuite tournez à gauche.
I Vous ne pouvez pas tourner à gauche.
J Vous allez voir l'aéroport tout près.
K La rue pour l'Oie est à votre droite.
L Traversez le pont sur la Marne.
M Vous allez entrer dans Creil.
N Continuez pour cinquante mètres.
O Continuez tout droit jusqu'au camping.

C Look at the street plan of Trouville in Normandy in Fig. 3. Start with number 1 – the cross marked near the tourist office at the top left of the map and follow the directions given below to find out where you end up.

1 Prenez la rue à côté qui s'appelle rue de la Plage. Prenez la première rue à droite, ensuite la première rue à gauche, puis la première rue à droite et la première à gauche. Vous êtes près de quel grand bâtiment?

2 Vous êtes près de l'église dans la rue de la Chapelle. Continuez tout droit dans la direction de la rivière Touques. Tournez à gauche dans la rue des Bains. Continuez jusqu'au bout. Au bout tournez à gauche. Comment s'appelle la grande rue?

Fig. 3
Trouville
street plan

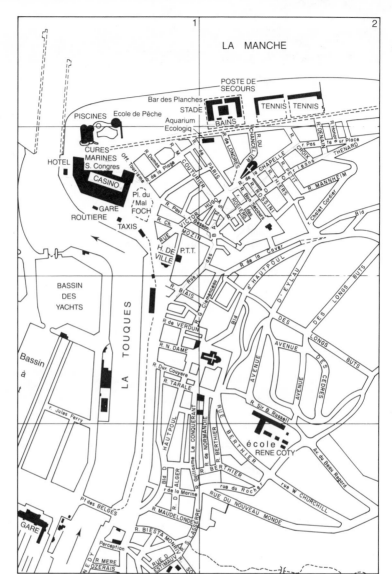

3 Commencez dans le Boulevard Fernand Moureaux. Allez vers le
sud. Traversez le pont. Qu'est-ce qu'il y a à gauche?

Conversation practice

D Fill in your part in the following dialogues
– You stop a passer-by (a man)
Oui, mademoiselle?
– You politely ask the way to the station.
La gare, oui, il faut aller tout droit, puis traverser le pont et c'est à
votre droite.

– You ask if it's far.
Non, c'est tout près. Vous êtes à pied ou en voiture?
– You say you didn't understand and ask him to repeat it more slowly.
Vous êtes à pied?
– Say yes, on foot.
Bon, c'est à 5 minutes à pied.
– Now you ask if there's a bank nearby.
Oui, là-bas.
– You thank the man very much.
De rien. Au revoir, mademoiselle.

E Now you give directions to someone who asks you the way.
Pardon monsieur, pour aller à la Poste, s'il vous plaît?
You say turn right and then it's on your left.
Merci beaucoup, c'est loin d'ici?
Say no, it's not far, two minutes on foot.
Et le marché, c'est où?
You say take the second road on the left and continue straight on.

16 Transport

In this unit we will revise the language needed to make travel arrangements and journeys by train, tube, bus, boat and car.

Means of transport

Je vais à l'école à pied.	I go to school on foot.
Je vais à l'école à velo.	I go to school by bike.
Je vais en ville en voiture.	I go to town by car.
Je vais à Londres en autobus.	I go to London by bus.
Je vais à Londres en (auto) car.	I go to London by coach.
Je voyage en France par avion.	I travel to France by plane.
Je voyage en Écosse par le train.	I travel to Scotland by train.
Je voyage en Irlande en bateau.	I travel to Ireland by boat.
À Paris je voyage dans le métro.	In Paris I travel by metro.

Travelling by train

Useful words and phrases

à la gare	at the station
Je voudrais acheter un billet pour Grenoble s.v.p.	I'd like to buy a ticket for Grenoble please.

un aller-retour/un aller simple	a return/a single ticket
À quelle heure part le train?	What time does the train leave?
À quelle heure arrive-t-il?	What time does it arrive?
À quelle heure est le prochain train?	What time is the next train?
Il y a un train tous les quarts d'heure.	There's a train every quarter of an hour.
Le train pour Paris est déjà parti?	Has the train for Paris left yet?
Le train part de quel quai?	What platform does the train leave from?
Du quai numéro trois.	Platform number three.
voyager en première classe/ en deuxième classe	to travel first/second class
Le bureau de renseignements est ouvert/fermé.	The information office is open/ closed.
Il faut acheter les billets au guichet.	You must buy the tickets at the ticket office.
C'est un train direct?	Is it a through train?
Est-ce qu'il faut changer?	Do I have to change?
Il faut changer à Lyon où vous avez la correspondance pour Grenoble.	You must change at Lyon where there's a connection for Grenoble.
composter votre billet	to stamp your ticket
(Non) fumeurs	(Non) smokers
Est-ce que cette place est libre? Non, elle est occupée.	Is this seat free? No it's taken.
Sortie	Exit
Vous pouvez attendre dans la salle d'attente. Ça se ferme à 22.30.	You can wait in the waiting room. It closes at 10.30 p.m.
Où puis-je laisser ma valise?	Where can I leave my suitcase?
Vous pouvez la déposer à la consigne.	You can leave it in the left luggage office.

Questions

A Match the following questions 1–10 with the most suitable answer A–J.

1 Vous voulez un aller-retour?
2 Ça fait combien s.v.p.
3 À quelle heure part le train?
4 À quelle heure arrive-t-il?
5 C'est quel quai?

A Un aller simple coûte 55 francs.
B Il arrive à 16 h 35.
C Non, en deuxième.
D Quai numéro six.
E Non, un aller simple s.v.p.

6 Vous voulez voyager en première classe?
7 Est-ce que cette place est libre?
8 Où puis-je laisser mes bagages?
9 C'est direct?
10 Où puis-j'attendre?

F Le train part à 14 h 30.
G Non, il faut changer.
H Non, elle est occupée.
I Dans la salle d'attente.
J À la consigne.

Dialogue

Read the following dialogue.
Au bureau de renseignements

Employé   Bonjour Monsieur. Je peux vous aider?
Touriste   Oui, je voudrais savoir à quelle heure part le prochain train pour Grenoble s'il vous plaît?
Employé   Le prochain train c'est à 17 h 45, de quai numéro neuf. Ou vous avez le train d'après à 17 h 59 de quai numéro six. Il y a une affiche là-bas avec les heures de départ et d'arrivée.
Touriste   Merci bien. Et ça coûte combien s'il vous plaît?
Employé   Aller simple ou aller-retour?
Touriste   Aller-retour.
Employé   Vous voyagez en première ou en deuxième classe?
Touriste   En deuxième.
Employé   Bon, un billet aller-retour en deuxième classe pour Grenoble coûte 69 francs.
Touriste   C'est un train direct?
Employé   Non, il faut changer au premier arrêt où vous avez la correspondance pour Grenoble.
Touriste   Où est-ce que je dois acheter mon billet?
Employé   Là-bas au guichet.
Touriste   Merci beaucoup Monsieur.
Employé   De rien. Au revoir Monsieur et bon voyage!

B Give the French for:
1 At the information office
2 The next train (two ways of saying this)
3 A notice
4 Single or return
5 You have to change
6 At the first stop
7 Connection
8 At the ticket office
9 Have a good journey

C Answer the following questions in English.
1 What does the tourist want to know?

2 Is he told the time of arrival?
3 What exactly costs 69 francs?
4 Is it a through train?
5 What is the last question the tourist asks?

Buying a ticket
D How would you say the following?
1 Greet the ticket office clerk.
2 Politely ask for a single ticket to Paris.
3 Ask how much it is.
4 Ask at what time the train leaves.
5 Ask which platform the train leaves from.
6 Ask if it's a through train.
7 Thank the man.

E Fill in your part in the following dialogues.
Au Guichet
Monsieur?
– Say that you would like a ticket to Arles, second class. *pour, Arles- deuxième*
Oui, un aller-retour ou un aller simple?
– Say a return and ask how much it is.
Ça fait 80 francs. Il y a un train dans 10 minutes.
– Ask what time it arrives in Arles.
Vous arrivez à Arles à 14 h 33.
– Ask if it's necessary to change trains. *Il faut changer?*
Non, c'est direct.
– Ask what platform it leaves from. *Learn*
Quai numéro deux.
– Thank the man and say goodbye.

F Au bureau de renseignements
Je peux vous aider?
– Greet the clerk and say you'd like to reserve a seat in the train to *pour* Paris.
Oui, vous voulez partir quand?
– Say you'd like to take the train on Friday at 18.00. *just Vendredi*
Pour combien de personnes?
– Say two people, first class.
Voilà la réservation.
– Thank the clerk.

G Look at Fig. 1 and answer the questions which follow.
Match each sign with one of the phrases below.
a Facilités pour handicapés   f Eau potable
b Buffet-restaurant   g Toilettes
c Non fumeurs   h Chariot porte-bagages
d Bar   i Premiers secours
e Bureau des objets trouvés   j Consigne des bagages

Fig. 16.1

k Consigne automatique
l Eau non potable
m Fumeurs
n Téléphone public
o Bureau de renseignements
p Enregistrement des bagages

q Trains autos-couchettes
r Salle d'attente
s Composteur
t Poste
u Point de rencontre

H 1 This ticket was for a journey from and to which towns?
2 On what dates could it be used?
3 What are you told to do before using it?
4 Is it a first-class or second-class ticket?
5 How many adults, children and animals was it bought for?
6 Was any reduction given in the price?
7 How much did it cost?

I What is the common abbreviation for Société Nationale des Chemins de Fer Français and what does it mean?

J Read the information about the 'Carte Jeune' and answer the questions which follow.

Carte Jeune SNCF

Avec la Carte Jeune SNCF, de 12 à 25 ans, pour 145 F, 50 pour cent de réduction sur tous vos voyages en période bleue!
La carte est valable du 1er juin au 30 septembre en 1re comme en 2^{e}

classe sur toutes les lignes de la SNCF (sauf banlieue de Paris).
En plus, vous avez droit à une couchette gratuite en période bleue,
et un aller-retour à 50 pour cent sur le ferry Dieppe-Newhaven. Il
faut juste une pièce d'identité et une photo.

      période bleue: – du lundi 12h au
                        vendredi 14h 59
                        du samedi 12h au
                        dimanche 14h 59

1 Can you get a Carte Jeune if you are 16 years old?
                                      26 years old?
                                      12 years old?
2 How much does it cost?
3 How much reduction go you get?
4 When exactly do you get this reduction?
5 On what dates is the Carte Jeune valid?
6 Is it valid for first-class travel? What about second-class?
7 On what routes can you not use it?
8 Give two more advantages that this card offers you.
9 What do you need in order to obtain a card, as well as the money?

The Metro

Read the dialogue between a tourist who wants a metro ticket and
the official.

À la station du métro

Touriste   Bonjour Monsieur. Je voudrais aller à Bastille s'il vous
           plaît. C'est combien?
Employé   Il y a un tarif unique; un ticket c'est 3 francs 50 mais si
           vous achetez un carnet de 10 tickets ce sera moins cher.
Touriste   Oui, d'accord, je prendrai un carnet de 10 tickets alors.
           Voilà 100 francs.
Employé   Et voilà votre monnaie.
Touriste   Pour aller à Bastille c'est quelle ligne s'il vous plaît?
Employé   Prenez la direction Château de Vincennes, puis il faut
           changer à la Gare de Lyon – il y a la correspondance pour
           Bastille, direction Pont de Neuilly. Voilà, prenez ce plan
           du métro. Vous verrez les stations sur le plan.
Touriste   Merci. C'est quelle station pour le Louvre?
Employé   C'est la station Louvre! Alors, regardez le plan, prenez la
           direction Pont de Neuilly et descendez à Louvre.
Touriste   Merci beaucoup Monsieur. Au revoir.

K Answer these questions in English.
1 Why is the tourist advised to buy 10 tickets?
2 How much money does he hand over?
3 Is he given change?

4 What does he ask next?
5 Where does he have to change?
6 What direction does he then need to take to get to Bastille?
7 What does the official give him?

L Find the French for:

1 At the metro station
2 One price
3 A metro ticket
4 A book of 10 metro tickets
5 Less expensive
6 Okay
7 Your change
8 What line is it for Bastille?
9 The connection for Bastille
10 A metro map
11 What station is it for the Louvre?
12 Go in the Pont de Neuilly direction
13 Get off at Louvre

Conversation practice

M How would you say the following?

1 I would like a book of 10 tickets please.
2 I would like one ticket.
3 What line is it for the Gare de l'Est?
4 Do I have to change?
5 I would like a metro map please.
6 What station is it for Notre-Dame?
7 What direction is it for Montmartre?
8 The connection for Château de Vincennes.
9 Where must I get off?
10 Where is the metro station?

Travelling by bus

Useful words and phrases

J'ai un abonnement.
Le bus pour la gare s'arrête ici?

Où est la gare routière?
tard/tôt
un arrêt d'autocar
Combien de temps dure le
  voyage?

I've got a season ticket.
Does the bus for the station stop
  here?
Where is the bus station?
late/early
a coach stop
How long does the journey last?

N Match the following questions and answers.

1 Est-ce que le bus pour la gare
  s'arrête ici?
2 Vous revenez quand?
3 Combien de temps dure le
  voyage?
4 Est-ce qu'il y a un bus pour
  Annecy aujourd'hui?

A Oui, il y en a deux par jour.
B Il y a un bus toutes les 10
  minutes.
C Il dure trois heures.
D Il part à 7 heures.
E C'est le numéro deux pour la
  gare.

5 C'est quel numéro?
6 Où est-ce qu'il faut descendre?
7 Quand part le prochain bus?
8 C'est quel autobus pour la gare?
9 C'est bien l'autobus pour l'aéroport?
10 Il y a un bus tous les combien?
11 Où est la gare routière s'il vous plaît?
12 Est-ce que cet autobus va au port?

F Tard.
G Au prochain arrêt.
H C'est le numéro 21.
I Oui c'est ça.
J Oui, il va au port.
K Non. Ça s'arrête là-bas.
L Tournez à gauche, puis c'est à votre droite.

Look at Fig. 2 and answer the questions which follow.

O Study Fig. 2a and b which are leaflets distributed by a bus company in Caen. You are travelling with your penfriend and his family back to England.

1 How much is a return ticket for your 16-year-old penfriend from Caen to London?

2 How much is a return ticket for your penfriend's mother?

3 How much do you have to pay for a return ticket for your penfriend's sister aged three?

4 How much is a single ticket for your penfriend's father?

5 Name three places where you would get information about these tickets.

6 It's Tuesday 19 August. What time does the bus leave Caen?

7 Where exactly does the journey start from?

8 What time does the ferry arrive in Portsmouth?

9 If it were Thursday 14 July what departure times would you be able to choose between?

Fig. 2 Travel information

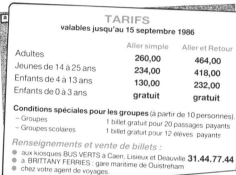

TARIFS
valables jusqu'au 15 septembre 1986

	Aller simple	Aller et Retour
Adultes	260,00	464,00
Jeunes de 14 à 25 ans	234,00	418,00
Enfants de 4 à 13 ans	130,00	232,00
Enfants de 0 à 3 ans	gratuit	gratuit

Conditions spéciales pour les groupes (à partir de 10 personnes).
– Groupes : 1 billet gratuit pour 20 passages payants
– Groupes scolaires : 1 billet gratuit pour 12 élèves payants

Renseignements et vente de billets :
• aux kiosques BUS VERTS à Caen, Lisieux et Deauville **31.44.77.44**
• a BRITTANY FERRIES : gare maritime de Ouistreham
• chez votre agent de voyages.

HORAIRES
valables jusqu'au
15 septembre 1986

de
CAEN
à
LONDRES

PERIODE		du 6 juin au 16 juillet du 21 août au 15 septembre		du 17 juillet au 20 août	
Jours de fonctionnement du CAEN-LONDRES		Jeudi Samedi		Lundi, Jeudi Samedi	Lundi, Mardi Jeudi, Samedi
CAEN Gare routière SNCF	6.50	22.10	6.50	22.10	
CAEN Place Courtonne Centre	6.57	22.17	6.57	22.17	
OUISTREHAM Port	7.23	22.41	7.23	22.41	
OUISTREHAM Gare maritime	7.27	22.45	7.27	22.45	
Brittany Ferries					
OUISTREHAM Gare maritime	8.30	23.59	8.30	23.59	
PORTSMOUTH Continental ferry terminal	13.30	6.00	13.30	6.00	
NATIONAL EXPRESS					
PORTSMOUTH Continental ferry terminal	14.05	6.35	14.05	6.35	
	ou	ou	ou	ou	
	15.05	8.05	15.05	8.05	
	16.19	8.50	16.19	8.50	
	ou	ou	ou	ou	
LONDRES Victoria coach station	17.17	10.19	17.17	10.19	

Sur nos 3 lignes,
4 ADULTES PAYANTS // **1 VOITURE GRATUITE**
(Aller-Retour - Période D)

Passagers (prix en FF)

Passagers piétons Aller simple	D	C	B	A
• Adultes (à partir de 14 ans)	312	312	322	322
• Enfants (de 4 à 13 ans inclus)	162	162	167	167
• Bébés (de 0 à 3 ans inclus)	gratuit	gratuit	gratuit	gratuit
Passagers motorisés Aller simple				
• Adultes (à partir de 14 ans)	282	282	302	302
• Enfants (de 4 à 13 ans inclus)	147	147	157	157
• Bébés (de 0 à 3 ans inclus)	gratuit	gratuit	gratuit	gratuit

Etudiants piétons ou motorisés (de 16 à 26 ans) Aller. Retour.	D	C	B	A
	312	368	368	500

Véhicules (prix en FF)

Aller simple	D	C	B	A
• Voiture jusqu'à 5,50 m	340	550	686	810
• Camping car ou véhicule de + de 1,82 m de haut	480	660	780	900
• Attelage : Suppl. par tranche de 10 cm	10	14	16	20
• Motos	60	96	120	144
• Vélos	gratuit	gratuit	gratuit	gratuit

Aller retour : Tarifs aller simple x 2. Assurance Assistance incluse

10 On Saturday 17 July do you have a choice of departure time?

P   Fig. 2c is a price list for the boat between France and England. Work out how much you would have to pay for
1   A return ticket for a 15-year-old travelling alone, Tarif D.
2   A child of three.
3   A single ticket for two adults plus their small car, Tarif A.
4   A return ticket for a 25-year-old student and his bike, Tarif A.

Travelling by car

Useful words and phrases

à la station-service   at the service station
Faites le plein ⎫
Le plein d'essence ⎬ s.v.p.   Fill up with petrol please.
20 litres de super   20 litres of 4 star
20 litres d'ordinaire   20 litres of 2 star
100 francs de super s.v.p.   100 francs worth of 4 star please.
une assurance   insurance
le permis de conduire   driving licence
le chauffeur/le conducteur   driver
l'autoroute (A)   motorway (M)
la Route Nationale (RN)   main road (A road)

Read the conversation at a service station and answer the questions which follow.

Pompiste   Bonjour Monsieur.
Touriste   Faites le plein s'il vous plaît.
Pompiste   Ordinaire?
Touriste   Non, super.
Pompiste   Voilà. Ça fait 112 francs. Vous payez à la caisse.
Touriste   Merci. Et est-ce que vous pouvez vérifier l'huile s'il vous plaît?
Pompiste   Oui bien sûr. Voilà, c'est bon.

Q 1 How much petrol does the tourist ask for?
2 What type of petrol does he want?
3 Where is he told to pay?
4 What else does he ask for?

Conversation practice

R Now fill in your part in the following dialogue.
Monsieur, vous voulez?
– Say you would like 20 litres of 4 star please.
Voilà, 20 litres, Ça fait 98 francs.

– Ask him to check the tyre pressures.
Oui bien sûr. Vous voulez autre chose?
– Say you want a road map and 2 litres of oil.
Voilà.
– Ask how to get to Le Mans.
Prenez l'autoroute A11. C'est très rapide. C'est un péage. Il faut
payer 10 francs d'ici.

S Look at Fig. 3 and answer the questions which follow.

Fig. 3 More road signs

Picture **1** What is the speed limit on French motorways? And in
towns?
2 When can you park here?
3 How much do you have to pay for an hour's parking?
4 What instructions are given?
5 What do you have to do here?
6 What is this notice advertising?
7 Why do you have to stop here?
8–11 Which is the sign for (a) a motorway (Autoroute) (b) a main
road? (Route Nationale) (c) a minor road? (Départementale) (d) a
major European route?

17 Banks and money

In this chapter we will revise the language needed to talk about money matters: changing money or traveller's cheques in a bank, asking for change, stating sums of money, discussing pocket money.

Useful words and phrases

Je reçois de l'argent de poche.	I receive pocket money.
Je gagne trois livres par semaine.	I earn £3 per week.
J'ai assez d'argent.	I've got enough money.
Je fais des économies.	I'm saving up.
Je le dépense immédiatement.	I spend it immediately.
Ça fait combien?	How much is it?
Combien coûte . . . ?	How much is . . . ?
Quel est le prix de . . . ?	What is the price of . . . ?
Je vous dois combien?	How much do I owe you?
C'est trop cher./C'est bon marché./ C'est gratuit.	It's too expensive./It's cheap./ It's free.
Avez-vous quelque chose de moins cher?	Do you have something cheaper?
Ça fait 8 francs.	It's 8 francs.
Voici un billet de 100 francs.	Here's a 100 franc note.
Je n'ai qu'un billet de 100 francs.	I've only got a 100 franc note.
Voici votre monnaie.	Here's your change.
une pièce de 50 centimes	a 50 centime piece
Une banque? Il y a plusieurs banques dans la ville.	A bank? There are several banks in the town.
Quel est le cours du change aujourd'hui?	What is the rate of exchange today?
Je voudrais changer 10 livres sterling en argent français.	I'd like to change £10 into French money.
Je voudrais changer des chèques de voyage.	I'd like to change some traveller's cheques.
une pièce d'identité	a form of identity
Vous avez votre passeport?	Do you have your passport?
Le voilà.	There it is.
Voulez-vous signer ici s.v.p./ Signez là.	Sign here please.

A Practise reading out the following amounts of money.
e.g. 10 F 50   dix francs cinquante
     100 F   cent francs

	4,00		quatre francs
	00,50		cinquante centimes
	6,05		six francs cinq
1	2 F 20	6	55 F
2	3,00	7	41 F 60
3	1 F 30	8	250 F
4	20 F 50	9	500 F
5	7 F 10	10	00,10 F

Son, sa, ses

In Topic 2 we practised the use of mon, ma, mes (my) and ton, ta, tes (your). Son, sa, ses is used to mean his, or her.

Remember that son means both his and her. Therefore son passeport can mean both his passport and her passport. Sa voiture can mean both his car and her car. Ses chèques can mean his cheques or her cheques.

Remember also to use son in the singular and not sa when the word that follows begins with a vowel, even if feminine.

e.g. son amie   his friend, her friend
      son argent   his money, her money

'Our' is 'notre' when followed by singular words and 'nos' when followed by plural words

e.g. notre argent
      nos amis

'Your' is 'votre' when followed by a singular word and 'vos' when followed by plural words

e.g. votre passeport, Monsieur
      vos chèques

Their is 'leur' when followed by singular words and 'leurs' when followed by plural words

e.g. leur argent
      leurs chèques

B Fill in the correct word from those given in brackets.

1 Je voudrais changer _____ (mon, ma, mes) chèques de voyage.
2 Vous avez _____ (votre, vos) passeport Monsieur?
3 Voilà _____ (ton, ta, tes) argent de poche Philippe.
4 Attendez _____ (votre, vos) monnaie.
5 Ils dépensent tout _____ (leur, leurs) argent.
6 Elle a reçu une lettre de _____ (son, sa, ses) amie française.
7 Qu'est-ce que tu fais avec _____ (ton, ta, tes) passeport?
8 Il écoute _____ (son, sa) mère.
9 Ils écoutent _____ (leur, leurs) parents.
10 Il écoute _____ (son, sa, ses) parents.
11 Nous avons invité _____ (notre, nos) amis.
12 J'ai perdu _____ (mon, ma, mes) argent.

Read through the dialogue between two friends discussing pocket money and then answer the questions.

John   Tu reçois combien d'argent de poche par semaine toi?
Pierre   Mon père me donne 25 francs et c'est assez. J'achète du chocolat, un disque de temps en temps. Et toi?
John   Moi, je reçois quatre livres et ce n'est pas assez. Je veux toujours acheter des choses, des vêtements, des bonbons, des disques, des livres . . . . Je le dépense tout!
Pierre   Moi, j'aime faire des économies. Je veux acheter un vélo.
John   C'est trop cher pour moi. Je n'aurai jamais assez.

C 1 Does either of the two think he gets enough pocket money?
2 What does each buy?
3 What is Pierre's ambition?

D Find the French for
1 How much pocket money do you get per week?
2 That's enough.
3 It's not enough.
4 I spend it all.
5 I like to save.

À la banque

Read the dialogue and answer the questions which follow.

Touriste   Bonjour Monsieur. C'est quel guichet pour le bureau de change s'il vous plaît?
Employé   Là-bas, où vous voyez 'change'.
Touriste   Bonjour Madame. Je voudrais changer des chèques de voyage s'il vous plaît.
Employée   Vous avez une pièce d'identité?
Touriste   J'ai mon passeport. Voilà.
Employée   Vous voulez changer combien de livres?
Touriste   20 livres s.v.p.
Employée   Voulez-vous signer là s.v.p.
Touriste   Voilà.
Employée   La livre est à 10 francs 20 aujourd'hui. Attendez à la caisse pour toucher votre argent.
Touriste   Merci Madame.

E 1 What is the first question the tourist asks?
2 What does the tourist need to produce?
3 Does he want to change cash or traveller's cheques?
4 How much does he want to change?
5 What is the rate of exchange?
6 Where does he have to go to get his money?

F How would you say the following?
1 Is there a bank near here?
2 Where is the change office?
3 What is the rate of exchange today?
4 I'd like to change 100 franc note into pounds.
5 I'd like to change some traveller's cheques.

G Fill in your part in the following dialogues.
À la banque
Monsieur?
Ask which desk it is for changing money.
Voilà, juste à côté.
Say you'd like to change some traveller's cheques.
Oui, combien?
Say £20 into French money.
Avez-vous une pièce d'identité?
Say yes, you have your passport.
Voulez-vous signer là s.v.p. Attendez à la caisse pour toucher votre argent.
Say you'd like some change: 10 one franc coins.
Oui bien sûr. Voilà. Ça fait 190 francs en billets et 10 pièces d'un franc.

H Dans la rue
Stop a man in the street.
Oui?
Ask if he has change and say you only have a 50 franc note.
Non, je n'ai pas de monnaie mais il y a une banque là-bas, la Banque Nationale de Paris à l'autre côté de la rue.
Say the bank is closed.
Ah oui bien sûr. Il est midi. Mais vous avez un bureau de change dans l'hôtel à côté.
Thank him and say goodbye.

18 The Post Office

In this chapter we will revise the language needed to buy stamps and send letters and parcels at the post office and also how to use the telephone in France.

Useful words and phrases

Où se trouve la Poste s'il vous plaît?	Where is the Post Office please?
Le bureau de poste (Les P et T/les P.T.T.) } se trouve en face du cinéma	The Post Office is opposite the cinema.
Je voudrais envoyer cette lettre/ ce paquet à l'étranger.	I'd like to send this letter/this parcel abroad.
C'est combien une lettre pour la Suisse?	How much is a letter for Switzerland?
Je voudrais cinq timbres pour Grande-Bretagne s.v.p.	I'd like five stamps for Britain please.
une carte postale	a post card
Je voudrais un timbre à un franc et trois timbres à 2 F 50 s.v.p.	I'd like a one franc stamp and three 2 franc 50 stamps.
un colis	a parcel
par avion	by airmail
Le dimanche et les jours feriés il n'y a pas de levée.	On Sundays and bank holidays there are no collections.
un tabac	a tobacconists
un expéditeur	a sender
la douane	Customs
la valeur	value
le contenu	contents
le poids	weight

Read the following dialogue.

Touriste Bonjour Madame. C'est combien pour envoyer une carte postale en Angleterre s'il vous plaît?

Employée C'est 2 F 20 Monsieur.

Touriste Et une lettre?

Employée C'est 2F 50 Monsieur.

Touriste Alors, je voudrais 10 timbres pour cartes postales et deux timbres pour lettres s'il vous plaît.

Employée Pour l'Angleterre?

Touriste Oui, pour l'Angleterre.

Employée Voilà. Ça fait 27 francs.

Touriste Je voudrais aussi envoyer ce colis.

Employée C'est pour l'étranger?

Touriste   Oui pour l'Allemagne.
Employée   Alors, il faut remplir cette fiche pour la douane, avec la
            valeur et le contenu et le poids. Il faut le peser . . . ça fait
            17 F 80 pour le paquet. Alors, ça fait quarante-quatre
            francs quatre-vingts centimes en tout. Vous voulez autre
            chose?
Touriste   Non, c'est tout. Voilà 50 francs.
Employée   Et voilà votre monnaie– 5 F 20. Merci Monsieur.
Touriste   Je les mets où, mes cartes?
Employée   Il y a une boîte aux lettres devant la Poste Monsieur.
Touriste   Merci. Au revoir Madame.

Questions

A Answer the questions.
1 What exactly does the tourist buy?
2 How much is a postcard stamp to England? And a letter stamp?
3 What else does the tourist want to send and where to?
4 What does he have to fill in?
5 How much does that cost?
6 How much money does the tourist hand over?
7 And how much change is he given?
8 What does he then ask?
9 What reply is he given?

Conversation practice

Fill in your part in these dialogues.

B Dans la rue
Stop a passer-by and ask where the Post Office is.
Elle se trouve en face de la Mairie, rue des Plantes.
Ask if it's far.
Non, ce n'est pas loin. C'est à cinq minutes d'ici à pied. Vous voulez
des timbres?
Say yes.
Vous pouvez les acheter au tabac là-bas, parce que la Poste se ferme
dans cinq minutes.
Thank the passer-by.

C A la poste
Greet the counter clerk
Bonjour Monsieur
Say you'd like to buy some stamps.
Le guichet des timbres est à côté. Monsieur.

Say you'd like three stamps for postcards for England and two
stamps for letters for the United States.
Par avion?
Say yes, air mail.
Voilà. C'est tout?
Say you'd like to send a parcel.
D'accord. Ça fait 13 F 60.
Say you've only got a 100 franc note.
Ça va. Voilà votre monnaie.
Say goodbye and thank the counter clerk.

D Study Fig. 1 and answer the questions which follow.

Fig. 1 At the
Post Office

1 What are you encouraged to do in the advertisement shown in a?

Look at 'b'.
2 Where is the post office in Villars?
3 What time is it open on Wednesdays? And on Saturday?

4 What is the phone number of the post office in Chesières?
5 On what days are these post offices closed?
6 What number would you telephone to send a telegram?

Look at 'c'. **7** How much did this parcel cost to send? **8** On what date was it sent and where from?

N° 608 **TÉLÉGRAMME**

| Étiquettes | | N° d'appel : _____ |
| | | INDICATIONS DE TRANSMISSION |

d
ZCZC

Ligne de numérotation

| | N° télégraphique | **Taxe principale** _____ | Timbre à date | N° de la ligne du P.V. : _____ |

Ligne pilote

| | Taxes accessoires | Bureau de destination   Département ou Pays |
| | **Total** . . _____ | |

| Bureau d'origine | Mots | Date | Heure | Mentions de service |

Services spéciaux demandés :
(voir au verso)

Inscrire en **CAPITALES** l'adresse complète (rue, n° bloc, bâtiment, escalier, etc...), le texte et la signature (une lettre par case ; **laisser une case blanche entre les mots**).

Nom et adresse

TEXTE et éventuellement signature très lisible

Nom et adresse de l'expéditeur :
Pour avis en cas de non remise. - Indications transmises et taxées sur demande expresse de l'expéditeur.

'd' shows a telegram form. Fill in the text for the following messages.
9 I have arrived in Paris.
10 The plane arrived late.
11 I have no more money.
12 I like France a lot.
13 I will arrive in Montpellier at 18.00, at the station.
14 I will take the coach. It will arrive at 20.30.

Using the telephone

Useful words and phrases

On peut téléphoner d'ici?   Is there a phone here?
Pouvez-vous m'expliquer   Can you explain how to phone
  comment on téléphone en   England?
  Angleterre?

Allô. C'est Christiane à l'appareil.	Hello. Christiane speaking.
Je peux parler à Pierre?	Can I speak to Pierre?
Ne quittez pas. Je vous le passe.	Don't ring off. I'll get him.
Ici Pierre.	This is Pierre.
un coup de téléphone	a phonecall

E Read the following instructions about how to use the telephone in France and put the French instructions A–F into the correct order given in English 1–6.

1 Pick up the receiver.
2 Put in your coins.
3 Wait for the sound to change.
4 Dial your number.

5 Add more money to talk longer.
6 Hang up.

A Composer le numéro.
B Raccrocher.
C Attendre la tonalité.
D Ajouter des pièces pour prolonger la communication.
E Décrocher le combiné.
F Introduire les pièces.

Read the following dialogue.

Vous	Excusez-moi Madame. Pouvez-vous m'expliquer comment on téléphone en Angleterre?
Madame Machin	Oui volontiers. Aux cabines téléphoniques il faut mettre une pièce de monnaie avant de composer le numéro.
Vous	Des pièces d'un franc, ça va?
Madame Machin	Oui bien. Puis il faut composer le 19 et attendre la tonalité. Après, vous faites le code pour la Grande-Bretagne, c'est le 44 je crois, et puis le code de la région en Grande-Bretagne et puis le numéro de votre correspondant.
Vous	Merci beaucoup Madame. Je vais essayer.

F Find the French for:
1 Can you explain to me how . . .?
2 Yes willingly
3 Dial the number
4 You must dial 19
5 The code for Great Britain
6 I think
7 The number of the person you are phoning
8 I will try

G How would you say the following?
1 Is there a phone here?
2 Where is the nearest phonebox please?
3 Can I speak to Mr Savary?
4 This is Mr Boulanger.
5 Don't ring off.

In this chapter we will revise the language needed to go shopping in various shops and in the market. We will look at the different types of shops and what is sold in each. We will revise colours, weights and measures and clothes.

Useful words and phrases

Je voudrais un kilo de pommes s'il vous plaît.	I'd like a kilo of apples please.
Est-ce que vous avez des tomates?	Do you have any tomatoes?
Qu'est-ce que vous avez comme fruits?	What kind of fruit do you have?
C'est combien les pêches?	How much are the peaches?
Les pêches sont à 8 F le kilo.	The peaches are 8 francs a kilo.
C'est trop cher/trop grand/trop petit.	It's too expensive/too big/too small.
Et avec ça?	What else?
C'est tout?	Is that all?
Je regrette je n'en ai plus.	I'm sorry I don't have any left.
Je voudrais essayer ce pull s.v.p.	I'd like to try on this pullover please.
C'est quelle taille? (for shoes: c'est quelle pointure?)	What size?
Je prends ça.	I'll take that.
soldes/en promotion	sale/special offer
Pouvez-vous changer cette chemise? Elle est trop petite.	Can you change this shirt? It's too small.
Puis-j'avoir un reçu?	Can I have a receipt?
Payez à la caisse.	Pay at the cash desk.
Puis-j'avoir un sac en plastique s.v.p.	Can I have a carrier bag please?
Faire les courses ⎱ Faire les achats ⎰	To go shopping

les magasins – shops

une boucherie	butchers
une boulangerie	bakers
une charcuterie	cooked meat butchers
une confiserie	sweetshop
une épicerie	grocers
une libraire-papeterie	bookshop and stationers
un marchand de fruits	fruiterer
un marchand de légumes	vegetables (greengrocer)

un marché	market
une pâtisserie	cake shop
une pharmacie	chemists
un supermarché	supermarket
un tabac	tobacconists

Les fruits – fruit

une banane	banana
une fraise	strawberry
une pêche	peach
une pomme	apple

Les légumes – vegetables

un chou	cabbage
une laitue/une salade	lettuce
un oignon	onion
une pomme de terre	potato

La nourriture – food

la baguette	loaf of French bread
le beurre	butter
le bonbon	sweet
la confiture	jam
le fromage	cheese
le gâteau	cake
le jambon	ham
un oeuf	egg
le pain	bread
le pâté	pâté
le saucisson	sausage
le sucre	sugar
la viande	meat
le yaourt	yogurt

les boissons – drinks

le café	coffee
l'eau minérale	mineral water
le jus de fruit	fruit juice
le lait	milk
le thé	tea
le vin rouge	red wine
le vin blanc	white wine

Questions

A Match the shop with the goods sold.

Answer: e.g. c'est l'épicerie

1 Dans ce magasin on vend des baguettes, du pain, des croissants, des brioches et des gâteaux.

2 Dans ce magasin on vend du chocolat, des glaces et des bonbons.

3 Dans ce magasin on vend du pâté, du jambon et du saucisson.

4 Dans ce magasin on vend des journaux, des magazines, du papier à lettres, des livres, des stylos et des cartes postales.

5 Dans ce magasin on vend du savon, des aspirines, du dentifrice, des médicaments, du shampooing, et des lunettes de soleil.

6 Dans ce magasin on vend des cigarettes, du tabac, des cartes postales et des timbres.

Les couleurs

blanc	white	marron	brown-chestnut
bleu	blue	noir	black
brun	brown	rouge	red
jaune	yellow	vert	green

Containers and amounts

une boîte	tin
une bouteille	bottle
un morceau	piece
un paquet	packet
un pot	pot
une tranche	slice

Weights and measures

un demi	half
une douzaine	dozen
250 grammes	250 grams
une paire de	a pair of
un kilo	a kilo
un demi-kilo	half a kilo
un litre	litre
une livre	pound

B Match the two halves of the following phrases.

1	un paquet de	A	fromage
2	une bouteille de	B	confiture
3	un morceau de	C	biscuits
4	une boîte de	D	vin
5	un pot de	E	petits pois
6	une tranche de	F	jambon

C 1	un kilo de	A	lait
2	un litre de	B	oeufs
3	une paire de	C	jambon
4	une douzaine d'	D	pommes
5	200 grammes de	E	chaussettes

Note that after weights and measures 'de' is used (or d' before a vowel) and not du, de la, des.

  e.g. un kilo de pommes
        250 grammes de pâté
        une douzaine d'oeufs
        3 kilos d'abricots

D Imagine you are shopping in France. How would you ask for the following? e.g. a kilo of apples: Je voudrais un kilo de pommes s.v.p.

1 2 kilos of peaches
2 A litre of milk
3 A pair of shoes
4 250 grams of cheese
5 Three slices of ham

6 A dozen eggs
7 Half a kilo of apricots
8 A tin of peaches
9 A bottle of wine
10 A packet of sugar
11 A pot of jam
12 A piece of cheese

When you are not talking about a specific quantity you will usually use du, de la, de l', des in front of the word.

e.g. du pain
    de la confiture
    de l'eau
    des tomates

Read this dialogue.

Au marché

Vendeur	C'est à qui?
Cliente	C'est à moi? Bonjour Monsieur. Qu'est-ce que vous avez comme fruits?
Vendeur	J'ai des pommes, des poires, des oranges, des abricots, des cerises, des bananes . . .
Cliente	Je voudrais deux kilos de pommes s'il vous plaît.
Vendeur	Voici. Et ensuite?
Cliente	Je voudrais aussi un kilo de pêches et un demi-kilo d'abricots.
Vendeur	Je n'ai plus de pêches mais les poires sont très bonnes.
Cliente	D'accord, j'en prends un demi-kilo s'il vous plaît.
Vendeur	Voilà. Et avec ça?
Cliente	Est-ce que vous avez des cerises?
Venduer	Oui, c'est 18 francs le kilo, Combien en voulez-vous?
Cliente	Non, c'est trop cher. Je prends des bananes: un kilo.
Vendeur	Et avec ça?
Cliente	J'ai aussi besoin de carottes. Donnez-moi 2 kilos s'il vous plaît, et une laitue aussi.
Vendeur	Celle-ci?
Cliente	Vous en avez un peu plus grosse?
Vendeur	Celle-ci?
Cliente	Oui, comme ça. Ça va bien. Ce sera tout. Ça fait combien s'il vous plaît?
Vendeur	Ça fait 38 francs s'il vous plaît Madame.
Cliente	Voilà, un billet de 100 francs.
Vendeur	Vous avez la monnaie?
Cliente	Non, pas du tout.
Vendeur	Ce n'est pas grave. Voilà votre monnaie, quarante, cinquante et cent. Merci Madame et au revoir.
Cliente	Au revoir, merci Monsieur.

E Answer the questions in English.
1 What does the customer ask first of all?
2 What fruit does the customer buy?
3 Why doesn't the customer buy cherries?
4 What is wrong with the first lettuce?
5 How much change is the customer given?

F Find the French for:
1 Whose turn is it?
2 It's my turn.
3 Okay, I'll have half a kilo.
4 What else?
5 I need some carrots too.
6 That will be all.
7 It doesn't matter.

G Using the dialogue to help you, how would you say the following?
  1 What vegetables do you have?
  2 I'd like a kilo of carrots and half a kilo of cabbage.
  3 Do you have any green beans?
  4 How much are the apples?
  5 It's too expensive.
  6 I'll have some onions.
  7 Give me 2 kilos of onions please.
  8 How much is it?
  9 I only have a 50 franc note
10 That's all.

H Fill in the gaps in the following dialogue using a sentence given in the list below.
1 ....
Bonjour Madame. Vous désirez?
2 ....
Voilà les oignons Madame. Et avec ça?
3 ....
Combien de kilos en voulez-vous?
4 ....
Vous avez un sac?
5 ....
Vous voulez quelque chose d'autre?
6 ....
Oui, j'ai ceux-ci; ils sont très bons à 6 francs le kilo.
7 ....
Et avec ça?
8 ....
Ça fait 44 F 50 Madame.
9 ....
Merci beaucoup Madame. Au revoir.

A Donnez-moi 5 kilos s'il vous plaît.
B Oui voilà.
C C'est tout. Ça fait combien?
D J'ai aussi besoin de pommes de terre.
E Voilà cinquante francs.
F Avez-vous des choux, s'il vous plaît.
G Je voudrais 3 kilos d'oignons s'il vous plaît.
H Bon, j'en prends un.
I Bonjour Monsieur.

I Fill in your part in the following dialogues.

Au Supermarché
Tell an assistant that you are looking for some butter.
Du beurre, c'est dans le frigo, à côté du lait.
Say you're also looking for mineral water.
Il n'y a plus d'eau minérale.
Ask where you have to pay.
À la caisse, là-bas.

À la caisse
Greet the lady.
Alors ça fait 18 francs.
Say there's 50 francs and ask if there's a baker's shop nearby.
Voilà votre monnaie. Oui, au centre commercial il y a une
boulangerie excellente.
Thank the lady and ask for a receipt.

J Study Fig. 1 and answer the questions which follow.
 1 What is the name of this supermarket?
 2 What exactly are its opening hours?
 3 How much does it cost to park a car?
 4 Name the three types of meat on special offer.
 5 How much are eggs and for what quantity?
 6 How much yogurt could you get for 9 F 95?
 7 What vegetables are on special offer?
 8 How much would you have to pay for a kilo of butter?
 9 Where do the strawberries come from?
10 Until when are these offers available?

Les vêtements – clothes
En hiver je porte un anorak ou un manteau, un chapeau, des gants,
une écharpe, un pantalon ou un jean, un pull et des chaussettes.
In winter I wear an anorak or a coat, a hat, gloves, a scarf, trousers or
jeans, a jumper and socks.
Au bord de la mer je porte un maillot de bain ou un short, un tee-shirt
et des sandales ou des chaussures de sport.
At the seaside I wear a swimming costume or shorts, a T-shirt and
sandals or trainers.

Fig. 1 Shopping in France

Quand il pleut je porte des bottes, un imperméable et un parapluie.
When it rains I wear boots and a raincoat and I carry an umbrella.

La nuit je porte une chemise de nuit ou un pyjama.
At night I wear a nightdress or pyjamas.

Pour sortir le samedi soir je porte une robe ou une jupe et un
collant et mon ami porte toujours une chemise, une cravate et un
veston!
To go out on Saturday evenings I wear a dress or a skirt and tights
and my friend always wears a shirt, tie and jacket!

Read the dialogue at the clothes shop and answer the questions.

Vendeuse   Bonjour Madame. On vous sert?
Cliente   Est-ce que vous avez ce pull un peu plus petit? C'est trop
           grand pour moi.
Vendeuse   Quelle taille est-ce qu'il vous faut?
Cliente   Je ne suis pas sûre.

Vendeuse	En cette couleur non, mais nous l'avons en bleu ou en rouge. Est-ce qu'il vous faut le blanc?
Cliente	Je préfère le blanc mais je voudrais l'essayer en rouge. Où sont les cabines d'essayage?
Vendeuse	Là-bas, au fond. Je vous montre . . .
Cliente	Merci.
Vendeuse	C'est bon? Vous le prenez?
Cliente	Je ne sais pas. Je vais réflechir. Est-ce que vous vendez des collants?
Vendeuse	Non, Madame. Pas ici.
Cliente	Où pourrais-j'en trouver?
Vendeuse	Le magasin de chaussures à côté en a.
Cliente	Merci Madame.

K 1 What is wrong with the first jumper?
2 What does the customer try on?
3 What else does the customer want?
4 Where can she find these?

L Find the French for
1 A little smaller
2 Too big
3 We've got it in blue
4 I'd like to try it on
5 Where are the fitting rooms?
6 I'll think about it
7 Where could I find some?

M How would you say the following?
1 Do you have this T-shirt in green?
2 I prefer the blue one.
3 I'd like to try the red one.
4 It's too small.
5 Do you sell shoes?
6 I'm looking for a black hat.

N Match the following phrases 1–12 from these conversations with their meanings A–L.

1 J'ai choisi.	**A** No exchange or refund.
2 La pointure des pieds	**B** Can I try them on?
3 Vous désirez?	**C** It's a present.
4 Rembourser	**D** Could you wrap it up please?
5 Pouvez-vous changer cette chemise?	**E** I've chosen what I want.
6 C'est pour offrir.	**F** Can I choose?
7 Je peux les essayer?	**G** Follow me.
	H Size of feet

Fig. 2 Advertisements for clothes

8 ni repris, ni échangés
9 Je peux l'écouter?
10 Je peux choisir?
11 Pouvez-vous en faire un
    paquet s.v.p.
12 Suivez-moi.

I Can you change this shirt?
J Can I listen to it?
K To refund.
L Can I help you?

O Look at Fig. 2 and answer the questions which follow.

1 What two articles are on special offer?
2 How many sizes are available in the first of these articles?
3 Look at the advertisement for the coat. How much wool is there in it? How much does it cost?
4 You want to buy something in pure cotton for your dad. What is there available and how much would it cost?
5 What sizes are available in (a) the skirt (b) the trousers?
6 What material are the trousers made of?
7 What type of footwear is advertised here? What are they made of? How much do they cost and what sizes are available?
8 What is advertised as being made of plastic? What four colours are available?

20 Food and drink

In this chapter we will revise the language needed to talk about meals; we will see how to order snacks, drinks and meals in a café or restaurant and we will practise understanding menus, signs, recipes and labels. We will also revise some avoir phrases.

Useful words and phrases

Avez-vous une table pour deux personnes?	Do you have a table for two people?
Garçon s'il vous plaît!	Waiter!
Mademoiselle, le menu s.v.p.	May I have the menu please?
Mademoiselle, la carte des vins s.v.p.	May I have the wine list?
Vous avez choisi?	Have you chosen?
On peut commander?	Can we order?
Nous allons prendre le menu à 55 francs s.v.p.	We'll have the 55 franc menu please.
Nous allons prendre le plat du jour.	We'll have the meal of the day.
Qu'est-ce que c'est le . . . ?	What is . . . ?
Et comme boisson?	What would you like to drink?
Je voudrais une bouteille de rouge.	I'd like a bottle of red wine.
Vous allez prendre un dessert?	Do you want a dessert?
Merci/Volontiers	No thank you/Yes please
Bon appétit!	Enjoy your meal.
À votre santé.	Cheers.
Quel parfum?	What flavour?
On peut avoir de l'eau?	Can we have some water?
Le repas était bon/excellent/délicieux.	The meal was good/excellent/delicious.
On peut avoir l'addition s.v.p.?	Can we have the bill please?
Ça vous fait 110 francs	It's 110 francs
Le service est-il compris?	Is the service charge included?
Oui le service est compris/Non le service n'est pas compris.	Yes, service is included/No, service isn't included.
Donner un pourboire à la serveuse	To give a tip to the waitress
Qu'est-ce que vous recommandez?	What do you recommend?
Encore du vin?	More wine?
les boissons	drinks
un café/un café crème	black coffee/white coffee
un coca	coke
un citron pressé	lemon juice

de l'eau minérale	mineral water
un jus de fruits	fruit juice
une entrée	starter
un plat principal	main dish
la viande	meat
le poulet	chicken
le poisson	fish
les fruits de mer	seafood
les frites	chips
les crudités	raw vegetables or salad
une glace à la vanille	vanilla ice cream
une glace au chocolat	chocolate ice cream
une tarte aux pommes	apple tart
une crêpe	pancake
un sandwich	sandwich

Read this extract from a penfriend's letter to his English correspondent who wrote asking about food in France.

Pour le petit déjeuner je mange du pain avec du beurre et de la confiture et je bois du café ou du chocolat chaud. Le dimanche nous prenons des croissants.

Pour le déjeuner je prends une entrée puis comme plat principal de la viande avec des légumes ou du riz ou des pâtes. On mange beaucoup de fromages en France, nous en avons de très bons, le Camembert, le Brie, le Tomme de Savoie sont mes favoris. Et un dessert.

Je prends mon goûter à 16 heures quand je rentre de l'école – c'est un pain au chocolat ou une tartine et une boisson.

Pour le dîner je prends du potage, de la viande avec des légumes puis une salade, un fromage et un dessert. Mes desserts préférés sont la tarte aux pommes, la mousse au chocolat, la crème caramel ou la glace à la vanille. Avec le dîner je bois de l'eau minérale et mes parents boivent toujours du vin.

A Answer these questions. What does Luc have for
1 breakfast
2 lunch
3 4 o'clock tea
4 dinner?

Au restaurant
Garçon	Bonsoir Monsieur, Madame.
M Smith	Bonsoir Monsieur. Avez-vous une table pour deux personnes?
Garçon	Oui, là-bas près de la fenêtre ou ici.
M Smith	Je voudrais la table près de la fenêtre.
Garçon	Oui certainement Monsieur. Voilà le menu Monsieur.

M Smith	Garçon s'il vous plaît! On peut commander?
Garçon	Bien sûr. Madame?
Mme Smith	Je voudrais le plat du jour. Qu'est-ce que c'est exactement le poulet vallée d'Auge?
Garçon	C'est du poulet avec une sauce à la crème et aux champignons.
Mme Smith	Oui je prends ça.
Garçon	Et pour Monsieur?
M Smith	Je vais prendre du pâté, ensuite un steak-frites, bien cuit.
Garçon	Et comme boisson?
M Smith	Une bouteille de rouge s'il vous plaît et une carafe d'eau.
Garçon	Certainement
Mme Smith	Où sont les toilettes Monsieur?
Garçon	Là-bas, au fond.
Garçon	Voilà, du potage pour Madame et du pâté pour Monsieur. Bon appétit!
M Smith	Monsieur, il manque une fourchette.
Garçon	Je vais vous en chercher une.
M Smith	Merci. Et on peut avoir du sel s'il vous plaît?
Garçon	C'était bon?
M Smith	Oui le steak était délicieux et le poulet était bon aussi.
Garçon	Vous prenez un fromage?
M Smith	Oui, un morceau de Camembert pour moi. Rien pour ma femme.
Garçon	Qu'est-ce que vous prenez comme dessert?
Mme Smith	Je voudrais une glace s'il vous plaît.
Garçon	Quel parfum? Nous avons de la glace au chocolat, à la fraise, à la vanille . . .
Mme Smith	Je prendrai une glace au chocolat.
M Smith	Et pour moi à la vanille.
M Smith	Deux cafés s'il vous plaît et on peut avoir l'addition?
Garçon	Certainement.

B Answer these questions.
1 Where do Mr and Mrs Smith want to sit?
2 What does Mrs Smith order?
3 How does Mr Smith like his steak?
4 What do they have to drink?
5 What do they ask for that was missing?
6 What exactly did Mrs Smith have to eat?

Conversation practice

C How would you say the following?
1 Do you have a table for four?
2 Waiter!
3 I'd like the 55 franc meal please.
4 There's a knife missing.
5 Can we have some bread please?
6 The meal was excellent.
7 I'll have an apple tart.
8 Can we have the bill please?

prends
on peut avoir

D Fill in your part in the following dialogues.
Monsieur
Ask to see the menu.
Vous avez choisi?
Say you'd like a tomato salad, chicken and chips, then cheese, then chocolate mousse. *une   ensuite*
Et comme boisson?
Say you'd like a mineral water.

Est-ce que c'était bon?
Say yes the meal was excellent.
Voulez-vous un fromage?
Say no thank you but you'd like a dessert.
Qu'est-ce que vous prenez comme dessert?
Say you'd like a strawberry ice cream. *à la fraise*
Attract the waiter's attention and ask for a coffee.
Voilà Monsieur.
Ask for the bill.

E Study Fig. 1 (on p. 122) and answer the questions which follow.
1 How many places does this restaurant have inside?
2 It's 16.00 and you just want a snack. What could you get here? And how much would you have to pay for it?
3 What would you get if you had the menu at 40 F 50?
4 Look at the children's menu. How much does this cost and what do they get to eat?
5 Which is the most expensive menu?
6 You fancy eating ham followed by lamb chops and beans. Which menu do you choose?
7 Find the French for the following:

egg mayonnaise	sausage	beef	salad
tomato salad	chicken	chips	cheese
ham	roast pork	rice	ice cream

8 Is service included?

Fig. 1 A French menu

9 How would you say:
I would like the menu at 40 F 50 please.
I will have tomato salad, then roast pork and chips, cheese and fruit.
I would also like a coke.

	Menu à 49 F	Menu à 66 F	Menu à 89 F
ENTRÉES	Moules Marinière	Charcuterie Assortie	Escargots
	Ou Tarte aux Fromages	Ou pâté Maison	Ou Saumon Fumé
	Ou Soupe à L'Oignon	Ou Salade Gourmande	Ou Cuisses de
	Ou Crudités	Ou Oeuf à la Russe	Grenouille
PLATS	Pièce de Boeuf Rôtie	Gigot D'Agneau	Cotelettes De Veau
PRINCIPAUX	Ou Omelette aux	Ou Steak au Poivre	Ou Coq au Vin
	Champignons	Ou Plateau Fruits	Ou Truite Amandine
	Ou Poulet Rôti	de Mer	
LÉGUMES	Choux-Fleurs	Haricots Verts	Haricots Verts
	Ou Haricots	Ou Pommes Sautées	Pommes Vapeur
		Salade Verte	Salade
FROMAGES	Salade ou Fromage	Plateau de Fromages	Plateau de Fromages
DESSERTS	Glace	Mousse au Chocolat	Carte des Desserts
	Fruit	Glace	
	Tarte aux Poires	Gâteau au Chocolat	

Using each of these three menus in turn, decide how you would state your order for each course, according to your choice.

e.g. Bonjour Monsieur. Je prendrai le menu à 49 francs s'il vous plaît. Comme entrée je voudrais les crudités; comme plat principal je voudrais poulet rôti avec choux-fleurs, ensuite une salade, et pour finir une tarte aux poires s'il vous plaît.

Au café

Luc On entre?

Paul Oui. J'ai faim. Tu as faim toi?

Luc Oui. J'ai faim aussi. Qu'est-ce que tu prends? Moi, je voudrais un coca et un croque-monsieur.

Paul Qu'est-ce que c'est un croque-monsieur?

Luc C'est un sandwich au fromage et au jambon et c'est grillé. C'est très bon. Tu veux essayer?

Paul Volontiers. J'en prends un aussi.

Luc Monsieur, deux croque-monsieurs, un coca et – Paul qu'est-ce que tu prends comme boisson?

Paul Un orangina je crois.

Luc – bon et un orangina s'il vous plaît.

Bon appétit!

F Find the French for:

1 I'm hungry.
2 What will you have?
3 a toasted cheese sandwich
4 Do you want to try?
5 Yes willingly.
6 a cheese sandwich
7 a ham sandwich

G How would you say the following?

1 I'd like a coke please.
2 I'd like two coffees please.
3 I'd like a hot chocolate.
4 How much is it?
5 Do you have any toasted cheese sandwiches?
6 Enjoy your meal.
7 I'd like a ham sandwich please.
8 I'd like two cheese sandwiches please.

Avoir faim, avoir soif etc.

Avoir faim means to be hungry. Avoir soif means to be thirsty. The verb avoir is used in French in these phrases. So 'he is hungry' is 'il a faim'; 'we are hungry' 'nous avons faim' etc.

There are several more 'avoir' phrases which are commonly used in French.

Avoir x ans	to be x years old
Avoir chaud	to be hot
Avoir froid	to be cold
Avoir peur	to be afraid
Avoir mal	to be in pain
Avoir besoin de	to need

H Study Fig. 2 and answer the questions which follow.

Fig. 2 French restaurants

1 How many restaurants are advertised here?
2 Which of them have pancakes?
3 Which of them have a good view?
4 Which of them have seafood?
5 Which of them advertise ice creams?
6 Which restaurant is in historic buildings?
7 Which one can cater for wedding receptions and such events?
8 Which restaurant is closed on Sundays?
9 Which restaurant does André Lesort run?
10 Give as much information as possible about the location of Le Grand Monarque.

In this chapter we will revise the parts of the body, how to say how you are feeling and the language needed at the doctor's, dentist's or chemist's.

Useful words and phrases

Comment allez-vous? ⎫ Ça va? ⎭	How are you?
Ça va bien merci.	Very well thanks.
Ça va mieux.	I'm feeling better.
Je suis malade.	I'm ill.
Je suis très fatigué.	I'm very tired.
Vous êtes blessé?	Have you hurt yourself?
Où est-ce que vous avez mal?	Where does it hurt?
J'ai mal à la tête	I've got a headache
à la gorge	a sore throat
aux dents	toothache
au dos	backache
au ventre	stomach ache
Le bras me fait mal.	My arm is hurting.
J'ai de la fièvre.	I've got a temperature.
la santé	health
une maladie	illness
la grippe	flu
Il faut aller à l'hôpital. C'est urgent.	You must go to hospital. It's an emergency.
Attention!	Watch out/be careful!
Au secours!	Help!
Je me suis cassé la jambe. C'est dans le plâtre depuis deux semaines.	I've broken my leg. It's been in plaster for two weeks.
Avez-vous quelque chose pour un rhume s.v.p.?	Do you have anything for a cold?
La pharmacie est à côté de la boulangerie.	The chemist's is next to the baker's.
Il faut prendre ce médicament pendant combien de temps?	How long do I have to take this medicine for?
des pastilles pour la gorge	throat lozenges
Je vais vous donner une ordonnance	I'll give you a prescription
Vous avez une assurance?	Are you insured?
C'est grave?	Is it serious?
Ce n'est pas grave.	It's not serious.

Questions

A Match the questions 1–10 with a suitable answer A–J.

1 Ça va?
2 Tu as froid?
3 Il faut prendre ce médicament pendant combien de temps?
4 Vous êtes en bonne santé?
5 C'est combien cette crème s.v.p.?
6 Quand faut-il prendre le médicament?
7 Ça va mieux?
8 Qu'est-ce qu'il y a?
9 Vous dormez bien?
10 Vous êtes blessé?

A C'est 10 F 50.
B Avant les repas.
C Oui. Ma santé est excellente.
D Oui, ça va bien merci.
E Je suis malade.
F Pendant une semaine.
G Non, je n'ai pas froid.
H Oui, ça va beaucoup mieux.
I Non, ça va.
J Oui, toujours.

B Read the conversations and answer the questions which follow.

À la pharmacie

Bonjour Mademoiselle. Vous désirez?
Bonjour Madame. Avez-vous quelque chose pour un rhume s'il vous plaît?
Oui. Qu'est-ce que vous avez, mal à la gorge ou vous toussez?
J'ai mal à la gorge. Est-ce que vous avez des pastilles pour la gorge ou des médicaments que je pourrais prendre?
Oui, j'ai ces pastilles. Elles sont très bonnes.
Merci, je les prends. Ça coûte combien?
Ça fait 19 F 50 mademoiselle.
Ah, J'ai presque oublié, je voudrais aussi du sparadrap.
Voilà. Ça fait 27 F 80 en tout.

1 What is wrong with the customer?
2 What does she buy at the chemist's?
3 Find the French for:
  (a) Have you got a cough?
  (b) I've got a sore throat.
  (c) some medicine
  (d) These lozenges are very good.
  (e) I nearly forgot.

Chez le médecin

Médecin   Entrez. Asseyez-vous. Qu'est-ce qui ne va pas?
– Bonjour Monsieur. J'ai mal partout, à la gorge, au dos, aux oreilles, au ventre. Je ne me sens pas bien du tout.
Médecin   Depuis quand souffrez-vous?
– Je suis malade depuis trois jours et ça ne va pas mieux.
Médecin   Ouvrez la bouche. Vous avez vomi?
– Non pas du tout.

Médecin   Alors, vous avez la grippe. Restez au lit pendant deux
            jours et je vais vous donner une ordonnance pour un sirop.
            Prenez le sirop trois fois par jour après les repas. Ça ira
            mieux dans un ou deux jours.
– Au revoir Monsieur et merci.

C Find the French for:

1 What is the matter?	**6** It's not any better.
2 I'm aching everywhere.	**7** Open your mouth.
3 I don't feel at all well.	**8** You've got flu.
4 How long have you been ill?	**9** Stay in bed for two days.
5 I've been ill for three days.	**10** You'll be better in a day or two.

Chez le dentiste

Au téléphone –

Allô. Cabinet de Monsieur Arrache.
    Bonjour Madame. Est-ce que vous avez un rendez-vous pour
aujourd'hui? J'ai mal aux dents et je souffre depuis 10 heures hier
soir. C'est urgent.
D'accord, vous pouvez venir à onze heures trente et le dentiste vous
verra.
    Merci. À tout à l'heure.

Vous avez des problèmes avec les dents?
    Oui, j'ai mal aux dents depuis hier. Je souffre beaucoup.
Faites voir. Je vais vous mettre un plombage. Une piqûre d'abord. Ça
ira mieux dans quelques minutes.

D Answer the questions.
1 What does the patient ask on the phone?
2 What is wrong with him?
3 When does he get an appointment?
4 What does the dentist do?
5 Find the French for
    (a) an appointment
    (b) It's urgent.
    (c) I've had toothache since yesterday.
    (d) a filling
    (e) It will be better in a few minutes.

E How would you say the following?
Chez le médecin
    1 I've got a headache and stomach ache.
    2 I'm very tired.
    3 My leg is hurting.
    4 Where is the chemist's?
Chez le dentiste
    5 I've got toothache.

6 I'm frightened.
7 Is it serious?

À la pharmacie

8 I have a prescription.
9 Do you have anything for flu?
10 How much is this medicine please?
11 How long should I take this medicine for?

F Fill in your part in the following dialogues.

Chez le médecin

Qu'est-ce qu'il y a?
– Tell him you have had stomach ache for three days.
Et vous avez vomi?
– Say no but you can't sleep.
Alors, je vais vous donner une ordonnance pour un médicament.
– Ask where the nearest chemist's is.
C'est juste à côté.
– Thank the doctor.

À la pharmacie

Greet the pharmacist and ask if she has something for a cold.
– Oui, j'ai ce sirop qui est très bon.
Ask how long you should take the linctus for.
– Prenez le sirop trois fois par jour, avant les repas. Est-ce que vous avez mal à la gorge aussi?

Dr Georges SENALDI
Médecine générale
Les Périades · Place de la Gare   VILLARS sur OLLON le 14   avril   1982
VILLARS sur OLLON
Tél. 025/35 27 77

        Conc.   M. KILLY   Jean-Claude, né le 23.8.64

Monsieur et Cher Confrère,

                    Nous avons examiné M. Killy le 13.4.82.
Le 12 il a fait une chute à ski. Il se plaint de douleurs au pied
droit. Le lendemain matin il a de la peine à marcher.

                    Il a une fracture au niveau de la cheville
droite.

TTT :   contention par une botte plâtrée pdt 4-6 semaines.

                    Je vous prie de recevoir, Monsieur et Cher
Confrère, mes cordiales salutations

                        Docteur Georges Senaldi
                        Les Périades · Place de la Gare
                        1884 Villars - sur - Ollon

Fig. 1

Say no, you don't have a sore throat.
– Ça fait 34 francs s'il vous plaît.
Say here's 50 francs and thank the pharmacist.

G Look at Fig. 1 and answer the questions which follow.
This is a doctor's report on a patient.
1 What is the name and address of the doctor?
2 Where in the town is his surgery?
3 On what date did he write this report?
4 When did Jean-Claude Killy get injured?
5 How did he get injured?
6 What was wrong with him?
7 How long did he have to have a plaster for?

22 Lost property, police, customs

In this chapter we will revise the language needed to report and describe lost property, to obtain information or report problems at a police station and to go through French customs.

Lost property

Useful words and phrases

au bureau des objets trouvés	at the lost property office
J'ai perdu ma montre.	I've lost my watch.
On l'a volé.	Somebody has stolen it
Je l'ai laissé dans le train.	I left it in the train.
Quand? Hier? Avant-hier? Aujourd'hui? Ce matin? Cet après-midi?	When? Yesterday? The day before yesterday? Today? This morning? This afternoon?
Il faut faire la description de votre valise Madame.	You'll have to describe your case.
Comment est votre sac?	What's you bag like?
Mon sac à main est en cuir, bleu foncé, petit et vieux.	My handbag is made of leather, dark blue, small and old.
un portefeuille/une porte-monnaie	a wallet/purse

Je vais noter les détails.	I'll take down the details.
Je suis désolé.	I'm sorry.

Au bureau des objets trouvés

A Read the dialogue and answer the questions.

Employé Je peux vous aider Mademoiselle? Vous avez perdu quelque chose?

– Oui. J'ai perdu mon sac, je l'ai laissé dans le train hier soir je crois.

Employé C'était quel train?

– Le train de 20 heures de Paris.

Employé Alors, je dois noter les détails. De quelle couleur est votre sac?

– Il est marron, en cuir, assez grand. Mon nom est marqué dessus.

Employé Et qu'est-ce qu'il y avait là-dedans?

– Mes clés, mon argent, mon passeport, un livre.

Employé Je suis désolé. Nous ne l'avons pas. Il a été volé, peut-être. Il faut aller au commissariat de police, rue de Rive pour faire une déclaration. Et revenez demain si vous voulez. Le bureau est ouvert toute la journée jusqu'à dix heures du soir.

1 When and where exactly did the girl leave her bag?
2 Describe the bag.
3 What was in it?
4 Since the lost property office does not have it what does he suggest?
5 Find the French for:
   (a) I must note down the details.
   (b) My name is on it.
   (c) What was in it?
   (d) I'm sorry, we don't have it.
   (e) You should go to the police station.
   (f) Come back tomorrow.

B Fill in your part in the following dialogues.

Je peux vous aider?
– Say you have lost your camera and ask if he has it.
Comment est votre appareil?
– Say it's black, big, and your name is on it.
Quel est votre nom?
– Tell him what your name is and say you left it at the ticket office you think.
Oui. Vous avez de la chance. Je l'ai ici.

Vous avez perdu quelque chose?
– Say that your wallet has disappeared.
Quand ça?
– Say this morning.

Comment est votre portefeuille?
– Say it's red and leather. There were 250 francs in it.
Il a probablement été volé. Vous devez aller au commissariat pour
faire une déclaration de perte.
– Ask where the police station is.
Le commissariat, c'est à 300 mètres d'ici. Tournez à gauche à la
sortie, et c'est à votre droite.
– Thank the official.

Letter writing
Read this letter from an English girl who has lost a gold ring.

Monsieur le Directeur   7 Sloane Square
Bureau des Objets Trouvés   Londres
Calais-Maritime   SW1
France   le 23 juillet

Monsieur,
    Le 9 juin j'ai pris le train de 10 h 30 de Paris à Calais pour
revenir en Angleterre. Malheureusement j'ai perdu une bague
dans le train. J'étais dans un compartiment de première classe.
    C'est une bague de grande valeur, en or avec les lettres D S
marquées dessus.
    Je vous serais très reconnaissante de faire les recherches
nécessaires et de m'écrire quand vous la trouverez.
    Je vous remercie d'avance. Veuillez agréer Monsieur,
l'expression de mes sentiments distingués.
                        D Spencer Mlle

C Answer the questions.
1 When and where did she lose it?
2 Describe the ring.
3 Find the French for– I would be very grateful if you would make
some enquiries.

D Write a letter to the lost property office at Avignon Station. Do not
forget to set out the letter as you should. State the following:
1 On 16 July you lost your bag.
2 You think you left it on the 10 o'clock train from Nimes.
3 Describe the bag which is white leather, quite old and containing
three books, some keys, an umbrella and your wallet.
4 Its value is 350 francs.
5 Your French penfriend will go and fetch it at the lost property
office if they have it.
6 Thank them very much in anticipation and end the letter as you
should.

Police

Useful words and phrases

Un agent de police travaille au commissariat
Un gendarme travaille à la gendarmerie.

A policeman works at the police station.

Il faut signaler la perte ou le vol d'un objet au commissariat de police.

You must report the loss or theft of an item at the police station.

E How would you say the following?
1 Where is the police station please?
2 I would like to inform you of the theft of my watch.
3 Can you help me?

F Look at Fig. 1 concerning the use of bicycles, mopeds, and motorbikes in France and answer the questions which follow.

Fig. 1 Bike and motorbike regulations in France

Here is some vocabulary to help you:

un permis de conduire	driving licence
conseiller	to advise
une plaque d'immatriculation	number plate
le casque	helmet
facultatif/obligatoire	optional/obligatory

1 If you are 16 years old what categories of these vehicles are you permitted to ride?
2 Would you need a licence for any of those groups you can ride?
3 Do you need insurance for those categories you are permitted to ride?
4 What document should you carry with you when riding a bicycle?
5 What information should be given on the vehicle concerning the owner of a bicycle or moped?
6 Who has to wear a helmet?
7 Which roads can you not use when riding a moped?

Customs

Useful words and phrases

à la douane	**at customs**
Avez-vous quelque chose à déclarer?	Do you have anything to declare?
Je n'ai rien à déclarer.	I've got nothing to declare.
J'ai . . . à déclarer.	I've . . . to declare.
Votre passeport s.v.p. Monsieur	Passport please!
Vous êtes de quelle nationalité?	What nationality are you?
Vos papiers s.v.p.	Your papers please.
Ouvrez votre valise.	Open your suitcase.
Vous venez d'où?	Where have you come from?
Quels cadeaux avez-vous achetés?	What presents have you bought?
Combien de temps allez-vous rester en France?	How long are you going to stay in France?
Il faut remplir cette fiche.	Fill in this form.
une frontière	a frontier

Read the dialogue and answer the questions which follow.

Douanier   Bonjour Mademoiselle. Avez-vous quelque chose à déclarer?
– Non, je n'ai rien à déclarer.
Douanier   Vous avez acheté des cigarettes, de l'alcool, des cadeaux en France?
– J'ai acheté des cadeaux pour ma famille, c'est tout.
Douanier   Ouvrez votre valise s'il vous plaît.
– Ce sont mes affaires personnelles.

Douanier   Qu'est-ce que vous avez acheté et combien avez-vous
               payé?
– J'ai acheté une montre pour mon père, à 59 francs, un flacon de
parfum pour ma mère qui a coûté 79 francs et puis du chocolat pour
ma soeur.
Douanier   Vous êtes restée combien de temps en France?
– Deux semaines dans la famille de ma correspondante.
Douanier   Bon, passez.

G Find the French for:
1 some alcohol
2 They're my personal belongings.
3 a bottle of perfume

H Answer the questions.
1 What three things does the customs officer ask if she's bought?
2 Describe what she has in fact bought.
3 How long did she stay?

I How would you say the following?
1 I've got nothing to declare.
2 I've only got one suitcase.
3 I have bought some presents.
4 My penfriend gave me two bottles
   of wine.
5 I have spent a week in Paris.

23 Language

In this chapter we will revise some words and phrases which might
help you to communicate with French speaking people.

Useful words and phrases

Je comprends.	I understand.
Je ne comprends pas.	I don't understand.
Je n'ai pas compris.	I didn't understand.
Qu'est-ce que c'est en français?	What's that in French?
en anglais?	in English?

Qu'est-ce que ça veut dire?	What does that mean?
Pouvez-vous expliquer le mot . . . ?	Could you explain the word . . . ?
Avez-vous un dictionnaire?	Have you got a dictionary?
Pouvez-vous répéter plus lentement s.v.p?	Could you repeat it more slowly please?
Parler plus fort	To speak up
Comment ça s'écrit?	How do you spell it?
Épelez le mot . . . s.v.p.	Spell the word . . . please.
Vous parlez l'anglais?	Do you speak English?
Je parle un peu de français.	I speak a little French.
Je ne parle pas très bien le français.	I don't speak French very well.
Je ne comprends pas très bien le français.	I don't understand French very well.
J'apprends le français depuis cinq ans	I've been learning French for five years.
Comment?	What was that?
Pouvez-vous corriger mes fautes s.v.p?	Could you correct my mistakes please?
La langue française est très difficile n'est-ce pas?	The French language is very difficult isn't it?
J'ai oublié le mot pour ça.	I've forgotten the word for this.
Je ne sais pas le mot en français.	I don't know the word in French.
Comment ça se dit en français?	How do you say it in French?

How would you say the following?

1 I don't understand the word 'météo'.
2 What is that in English?
3 What does 'autocar' mean?
4 Could you repeat it please?
5 Could you speak more slowly please.
6 He explained but I didn't understand.
7 How do you spell it?
8 I've been learning French for three years.
9 I've forgotten the word for that.
10 I don't know the French for that.

Answers

1 Personal information

A 1 Dupont **2** 23 August **3** 15 **4** French **5** Student
6 59 kilos **7** 1m 63 **8** Green
B 1 Comment t'appelles-tu? **2** Quel âge as-tu? **3** Où habites-tu?
4 Quelle est ton adresse? **5** Quel est ton numéro de téléphone?
6 Où es-tu né? **7** Quelle est la date de ton anniversaire?
8 Quelle est ta nationalité?
C 1 D **2** C **3** A **4** F **5** B **6** E **7** G
D Je m'appelle . . . . J'ai seize ans. Je suis anglais(e). J'habite . . . Je
suis né(e) à Londres. J'aime regarder la télévision, écouter des
disques et lire le journal. Et toi?
E 3
F Je suis petite et mince. J'ai les cheveux longs et blonds et les yeux
bleus.
G Je suis grand. J'ai les cheveux courts et noirs. J'ai les yeux bruns.
Oui, je porterai un anorak rouge.

2 Family and home

A 1 True **2** False **3** True **4** False **5** False **6** True
B 1 Mon frère's s'appelle Frank. **2** Il a 10 ans.
3 Ma soeur a six ans. **4** Ma soeur aînée habite Paris.
5 Mes parents s'appellent Fred et Matilda.
C 1 ton nouveau correspondant français
2 Il y a quatre personnes dans ma famille.
3 un chien qui s'appelle Wolf
4 Nous habitons à la campagne.
5 Je m'entends très bien avec mon frère.
6 Il a 17 ans.
D 1 J'ai 16 ans.
2 Il y a cinq personnes dans ma famille.
3 Nous habitons une petite maison.
4 six pièces: la cuisine, la salle à manger, la salle de bains et trois
chambres
5 Nous avons un grand jardin.
6 Mon père
7 fait le jardinage
8 fais la vaisselle
E 1 la chambre **2** la cuisine **3** la salle de bains
4 le salon **5** le garage

3 Daily routine

A Il y a un train à six heures cinquante-quatre.
Il y a un train à onze heures cinquante-quatre.
Il y a un train à seize heures cinquante-quatre.
Il y a un train à dix-huit heures cinquante-quatre.
Il y a un train à vingt-deux heures cinquante-quatre.
Il y a un train à sept heures dix-huit.
Il y a un train à douze heures vingt-huit.
Il y a un train à quatorze heures vingt-deux.
Il y un train à dix-huit heures six.
Il y a un train à vingt-trois heures quarante-neuf.
B **1** He wakes up **2** 7.05 **3** He gets washed
4 He's cleaning his teeth **5** 7.12 **6** 7.20 **7** He goes to school.
C 4 1 2 3
D **1** Je me réveille à sept heures vingt-cinq.
2 Je me lève à sept heures et demie.
3 Je me lave à sept heures trente-cinq.
4 Je me brosse les dents à sept heures quarante.
5 Je me couche à vingt-deux heures trente.
E **1** I **2** E **3** N **4** C **5** J **6** H **7** A **8** L **9** D **10** P
11 B **12** G **13** F **14** K **15** O **16** M

4 School

A **1** Two **2** 10 o'clock **3** Tuesday **4** 10.55 **5** 2 hours
6 Wednesday and Sunday **7** 10.00 on Saturday
8 French, English and German **9** No
10 Tuesday afternoon **11** 4 o'clock **12** 9.00
B **1** C **2** D **3** B **4** E **5** A **6** F
C **1** Une leçon dure quarante minutes
  2 Sept leçons par jour
  3 Je mange à la cantine.
  4 Je bavarde avec mes camarades.
  5 Tu rentres chez toi.
  6 Quelles sont tes matières préférées?
  7 sauf l'anglais
  8 Je déteste les mathématiques.
  9 Ça ne m'intéresse pas du tout.
  10 étudier les sciences
  11 faire l'échange
  12 l'année prochaine
D À quelle heure commencent les cours?
Combien de temps durent les cours?
Oui, j'aime aller au collège et j'adore le français et l'anglais.

Je déteste les mathématiques et les sciences.
Il y a trente-deux élèves dans ma classe.
Oui, j'ai beaucoup de camarades.
Je bavarde avec mes camarades et je joue au football.

5 Work

A 1 He will go **2** You will come **3** We will do
4 They will be able **5** He/it will be
B 1 (a) 75 34 00 10 (b) 86 04 04
2 C 18-66598 Publicitas, 1211 Genève 3.
3 29 75 72 Monday to Friday
4 Secretary/receptionist job is part time and the shorthand/typist job
is temporary.
C 1 Il est professeur de sport.
2 Il est chef.
3 Il est mécanicien.
4 Elle est caissière.
5 Elle est secrétaire.
D 1 D **2** A **3** E **4** C **5** B
E Bonjour monsieur. Que faites-vous comme travail, Monsieur? Et
ça vous plaît, votre travail? Où travaillez-vous? Quelles sont vos
heures de travail? Au revoir et merci Monsieur.
F 1 votre annonce dans le journal
2 Je suis très intéressée par ce poste.
3 J'apprends le français depuis six ans.
4 (pour) améliorer mon français
5 J'aime beaucoup les enfants.
6 J'ai l'habitude de m'occuper d'elles.
7 Je garde les enfants pour mes voisins.
8 Je fais souvent la cuisine.

6 Dates

A 1 E **2** B **3** C **4** A **5** D
B 1 January **2** 25 May **3** 19 February **4** 14 July
C 1 le premier octobre **2** le sept octobre **3** le vingt-trois août
D 1 False **2** False **3** True **4** True **5** False **6** False
7 True **8** True **9** True **10** False
E 1 23 May to 1 June 1986 **2** Friday **3** Sunday 25 May
4 Monday and Saturday **5** Tuesday and Friday
6 Thursday 29 May **7** Thursday afternoon **8** Friday **9** Sunday
10 At the school

7 Weather

A Pierre's holiday: 2
Marc's holiday: 3
Jacques' holiday: 1
B 1 Paris   **2** Chamonix   **3** Rouen   **4** Strasbourg   **5** raining
6 Bordeaux and Clermont-Ferrand
C 1 False   **2** True   **3** False   **4** True   **5** True
D 1 Il fait beau; il fait chaud; il fait du soleil
2 Il fait froid; il neige; il gèle; il fait mauvais
3 Il fait de l'orage; il pleut; il fait mauvais
4 Il fait du vent; il fait mauvais
E 1 London, Berlin   **2** Paris, Nice   **3** stormy   **4** no   **5** no
F 1 Prévisions jusqu'à mardi soir.
2 Le temps sera encore assez ensoleillé.
3 Des averses ou des orages se produiront.
4 La température sera 27 degrés l'après-midi.
5 Vent du sud-ouest.
G 1 True   **2** True   **3** True   **4** False   **5** False
H Il faisait mauvais, il pleuvait et il faisait froid.
Oui, il faisait du brouillard et il faisait du vent aussi.
Oui, il faisait de l'orage le premier jour.
I Quel temps faisait-il?
Est-ce qu'il faisait chaud?
Est-ce que le soleil brillait?
Quelle était la température?
Est-ce qu'il pleuvait?
Est-ce qu'il faisait de la brume?

8 Meeting people

A 1 Tu es libre ce soir?
2 Oui d'accord.
3 J'ai envie d'aller au cinéma.
4 On se rencontre là-bas?
5 Bonne idée.
6 J'ai le temps de me doucher.
7 Je serai prêt dans un quart d'heure.
8 À tout à l'heure.
B Bonsoir Monsieur et Madame. Enchanté.
Ça va bien merci.
Oui merci mais le train était en retard.
Oui volontiers. Je voudrais bien faire ça.
Ça ne fait rien.
C'est un petit cadeau de mes parents.

C (a) 1; 4; 6; 8; 10
(b) 2; 3; 5; 7; 9
D 1 Je le connais.   2 Je la connais.   3 Je le regarde.
4 Je le donne à mon frère.   5 Je l'ai.   6 Je les aime.   7 Je les vois.
8 Je les fais.   9 Je la déteste.   10 Je le trouve très intéressant.
E 1 rencontrer   2 devant   3 à vingt heures   4 vendredi   5 bon
6 dix francs
F 1 Jean-Luc and his parents also   2 One month
3 It's very big and very interesting.
G 1 Merci beaucoup   2 Je voudrais   3 juillet
4 tu es   5 inviter   6 remercier   7 J'écrirai or je vais écrire.
H 1 Je vous remercie   2 vacances chez vous   3 voudrais
4 le cadeau   6 j'adore   6 formidable   7 parler

9 Entertainment

A 1 His schoolfriends
  2 To the café to chat
  3 He sings in a choir
  4 No
  5 Detective stories
  6 He has to stay the whole evening and it's very boring
  7 Science-fiction, comedies, romantic films and horror films
  8 Discos or parties
  9 Classical music
10 He doesn't have time
11 In the morning when he gets up
12 To the youth club
B 1 Il y a beaucoup de choses à faire.
2 Je reste chez moi.
3 J'aime beaucoup la lecture.
4 C'est très ennuyeux
5 Je préfère la musique classique.
6 J'adore écouter les informations à la radio.
7 Le samedi soir je vais au club de jeunes.
8 Je vais à l'église
C 1 Le lundi je joue au rugby au club de jeunes.
2 Le mardi je vais aux discos.
3 Le mercredi je reste chez moi et je regarde beaucoup de télévision.
4 Le jeudi je vais au café avec des çamerades de classe.
5 Le vendredi je fais du sport si je ne suis pas trop fatigué.
6 Le weekend je joue du violon dans un orchestre le samedi matin.
D 1 Ça t'intéresse   2 un bon film   3 voudrais   4 mardi passé
5 ça commence   6 la version originale   7 sous-titré
8 réserver des places

E 1 acheter les billets
2 Ça coûte combien?
3 Je voudrais deux places s'il vous plaît.
4 la version française
5 la monnaie
6 Bonne soirée.
F 1 Bonjour Madame.
2 Je voudrais quatre places pour le film ce soir.
3 Ça coûte combien?
4 C'est la version française?
5 Ça commence à quelle heure?
6 Merci Madame.
G Ça va bien. Et toi?
Ça t'intéresse d'aller à un concert ce soir?
Mon frère va jouer du piano.
Oui il y a une réduction pour étudiants et ça coûte dix francs.
C'est à l'église en ville.
Le concert commence à 19 heures.
H 1 (a) v.o.   (b) fr.
2 18.00
3 23 rue des Eaux-Vives   36 04 22
4 16
5 In colour
6 *Souvenirs d'Afrique* at the Scala or *The Emerald Forest* at the Voltaire.
7 No. It's on Tuesday and Wednesday at 18.30 or 20.30.
8 English
9 *Souvenirs d'Afrique   The Emerald Forest   Mort à Venise*   Concert
10 The concert because it's free.

10 Sport

A 1 un coureur   **2** Aujourd'hui c'est à votre tour de courir.
3 des millions dans le monde   **4** une course organisée
5 votre journal local   **6** si vous habitez Paris
7 Participez à la Course contre le Temps
B Oui, je suis sportif (sportive for girls).
J'aime beaucoup le football. Je joue mardi soir et dimanche après-midi.
Je fais du ski et du cyclisme et j'aime la course.
Tu joues au football?
Où?
✓ Tu es membre d'une équipe?
Quelle équipe?

C 1 The École de Ski Moderne
2 École de Ski Moderne and Dätwyler Sports Villars
3 Dätwyler Sports Villars
4 Dätwyler Sports Villars
5 One to two hours
6 It's the road opposite the bakery
7 (a) next to the skating rink   (b) yes   (c) every day
(d) 20 francs   (e) 530 francs
8 B Vatan
9 (a) Callac Sports (b) Callac Sports
D 1 au stade   2 dix-neuf heures   3 vendredi soir
4 jouer   5 l'équipe   6 rugby
E Lundi: Match de rugby 20h au stade
Mardi: Match de football, 20 h 30 au centre de sports
Mercredi: Piscine 18 h
Jeudi: Patinoire 20 h
Vendredi: La Piscine est fermée
Samedi: Championnat de rugby au stade 14 h
Dimanche: Promenade à velo avec Jean-Paul
            Soir: Tour de France à la télévision

11 The tourist office

A 1 Office de Tourisme, Syndicat d'Initiative   2 Every day
3 09.15 to 12.00 and 14.00 to 18.00
4 Place Foch BP24 14360 Trouville   5 (31) 88 36 19
B 1 C   2 E   3 A   4 B   5 F   6 D   7 G   8 H
C 1 Je peux vous aider?   2 Je voudrais   3 un plan de la ville
4 un dépliant   5 une carte de la région
6 Qu'est-ce qu'il y a à voir?   7 Il y a beaucoup de choses à voir.
8 une exposition   9 ce soir   10 gratuit(e)   11 tous les jours
12 sauf mardi   13 moitié prix   14 une liste des hôtels
D 1 Bonjour Monsieur.
2 Je voudrais un plan de la ville, s'il vous plaît.
3 Qu'est-ce qu'il y a à voir dans la région?
4 Quand est-ce que le musée est ouvert?
5 C'est combien pour visiter le musée?
6 Merci beaucoup, Monsieur.
E 1 personal address
2 le 11 juin 1987
3 le Syndicat d'Initiative
Grenoble
France
4 Madame,
5 des informations sur Grenoble

6 un dépliant sur la ville et une liste des hôtels dans la région
F 1 Boulevard F Moureaux and Rue Amiral de Maigret
2 Mondays to Fridays from 10.00 to 12.10 and from 13.30 to 17.30.
3 Mr Christian Cardon
4 Tennis, mini-golf, squash, swimming
5 88 78 19
6 Under the casino
7 (a) at weekends (b) every day except Tuesday from 15.00 to
19.00 (c) at weekends
8 Monday and Friday 15.00 to 17.00 Thursday 17.30 to 19.00
9 Every day from 15.00

12 Travel

A 1 Choisi **2** attendu **3** donné
B 1 J'ai donné **2** J'ai choisi **3** J'ai entendu **4** J'ai dansé
C 1 F **2** G **3** A **4** E **5** I **6** B **7** D **8** L **9** H
10 K **11** J **12** C
D 1 J'ai écrit **2** Il a dit **3** Nous avons ri **4** Ils ont vu **5** Vous
avez voulu **6** Tu as fait **7** J'ai bu **8** Elle a pu **9** Il a mis
10 Ils ont pris
E 1 J'ai passé **2** J'ai vu **3** J'ai visité **4** J'ai aimé
F 1 Je suis arrivé. **2** Je suis descendu à Avignon.
3 Je suis entré. **4** Je suis tombé. **5** Je suis sorti.
6 Je suis venu à Avignon.
G 1 allée **2** parti **3** descendu **4** arrivées **5** mortes
6 retournés **7** entrés **8** venue **9** restées **10** sortie
H J'ai passé; je suis parti; j'ai vu; j'ai fait; j'ai nagé; j'ai mangé;
je suis allé; j'ai regardé; j'ai joué; j'ai pris; je me suis amusé
I Je suis partie; je suis allée; je me suis amusée
J Oui, je suis allé en France et en Suisse et aux États-Unis.
Je suis resté à la maison en Angleterre.
Je suis allé à Londres, j'ai visité Cambridge et j'ai vu trois films au
cinéma.
Tu es allé à l'étranger?
Tu as aimé tes vacances en Allemagne?
K 1 J'ai passé 15 jours à Nice.
2 J'ai nagé, j'ai bu du café et j'ai mangé des croissants.
3 J'ai visité Aix-en-Provence.
4 Je suis allé(e) voir les magasins en ville.
5 Je me suis amusé(e)
L 1 January and March **2** seven days **3** 12 kilometres
 4 (50) 47.01.58 **5** 456 to 1736 francs **6** 1164 − 2500 metres
 7 Mont Blanc **8** Sunny weather **9** six days
10 (Train à grande vitesse) High speed train like Intercity 125

11 Italy   12 Minibus   13 two weeks (13 days)
14 26 March to 7 April   15 2595 francs   16 Yes   17 No
18 They are not included   19 13–17 year olds
20 It's the highest town in Europe   21 three
22 Horseriding, canoeing, swimming, skating, table tennis
23 five half days; old pair of trousers, trainers, pullover
24 four   25 Train   26 1 July

Briançon   01/07–25/07   4705
Séjour + voyage √

√ Chèque bancaire

Micro-informatique	√		
la natation			√
le tennis			√
l'équitation		√	
la voile	√		

Autres sports football; rugby.

Your Surname	First Name	Date of birth	Sex	Nationality (Profession) Étudiant(e)

Your parents' name and address and phone number at home and
work ....
Class   Anglais   Français
How many years you've been learning French ....
Sports you do ....   Number of brothers and sisters
Musical instruments you play .....   and their ages ....
Your interests ....   Mother's job ....
Do you like pets? ....   Father's job ....
Name and address and phone number of someone to contact in
emergency ....
....

Your signature

13 Accommodation

A 1 Just himself   2 Three nights
3 The one on the second floor   4 Yes   5 6.00   6 Mr Martin
B Bonsoir Monsieur.
Oui, je voudrais une chambre pour deux personnes s'il vous plaît.
Pour trois nuits à partir d'aujourd'hui.

sound T.

Je voudrais une chambre avec douche. Ça coûte combien?
C'est trop cher. Avez-vous quelque chose de moins cher? *de.*
Oui, je la prends. Le petit dejeuner est compris?
Merci Monsieur. Est-ce que vous pouvez monter les bagages?
On peut téléphoner d'ici?

C 1 24 rue Carnot, 14360 Trouville-sur-Mer **2** Tuesday
3 January **4** No, it doesn't have a restaurant at all. **5** 100 metres

D 1 (a) If they have two rooms for two people for the two nights.
(b) Is breakfast included in the price?
(c) Can they have dinner at the hotel?
(d) Is there a garage?
2 (a) passer quelques jours
(b) au mois d'août
(c) je vous écris pour réserver deux chambres
(d) dans la soirée
(e) nous repartirons dans la matinée
(f) pour deux personnes pour deux nuits
(g) mes parents voudraient une chambre avec salle de bain
(h) Est-ce que le petit déjeuner est compris?
(i) dîner à l'hôtel
(j) verser des arrhes

E
_____

    Monsieur le Propriétaire   Your address
    Hotel de France
    19 Place du Pilori
    Amiens
    France   Town, le...

Monsieur,
    Mes parents et moi avons l'intention de passer quelques jours à
Amiens au mois d'avril. Des amis nous ont recommandé votre
hôtel.
    Je voudrais réserver deux chambres pour cinq nuits avec douche.
Nous arriverons dans la soirée du 20 avril. Ça coûte combien? Est-
ce que le petit déjeuner est compris? Le menu est à combien? Faites
nous savoir si nous devons verser des arrhes.
    Recevez, Monsieur, l'expression de mes sentiments distingúes.

                      (Your signature)
_____

F 1 Place de la Croix, B.P. 85, 29110 Concarneau
2 At the port **3** Yes **4** 98 **5** Yes **6** Yes **7** Yes **8** Summer
9 Yes **10** 2 kilometres **11** 96 61 91 87 **12** four **13** Yes
14 Train to Lannion, Green bus to Trébeurden Terminus
15 Concarneau **16** Trébeurden **17** St-Brieuc

G They need to state their time of arrival and time they want to have their evening meal. They will need to send a 25 per cent deposit.

H

Madame Carpentier   Your address
Fédération unie des Auberges de Jeunesse
02300 Chauny
France   Cheshunt, le 5 avril

Madame,
    Merci de votre lettre du 5 mars. Veuillez trouver ci-joint l'imprimé de réservation ainsi que 25 pour cent d'arrhes. Nous allons arriver à 18 heures. Nous désirons prendre le repas du soir à 19 heures.
    Recevez, Madame, l'expression de mes sentiments distingués.

(Your signature)

I Bonjour Madame. Est-ce qu'il vous reste de la place pour une tente et une caravane?
Je voudrais rester une semaine.
Deux adultes et deux enfants.
Oui, ça coûte combien?
Merci beaucoup Madame.

L'eau est potable et est-ce qu'il y a une salle de jeux?
J'ai besoin d'allumettes.   not des .
Où sont les poubelles?
Merci Madame.
Oui je suis anglais

14 Town and geographical surroundings

A 1 D   2 A   3 B   4 C

B 1 Ma ville se trouve dans le sud-est.
2 Pas très loin de Londres.
3 J'y habite depuis que je suis né.
4 La plupart des habitants travaillent à Londres.
5 beaucoup de magasins, de nombreux supermarchés
6 un vieux quartier avec de vieilles maisons
7 Je n'aime pas toutes les voitures.
8 Qu'est-ce qu'il y a à faire le soir?

C 1 By train
2 Town hall, factories, some museums, tourist office
3 All the cars and the pollution
4 Theatre, cinema, discos, café   *le sud de l' Ecosse*

D J'habite une grande ville dans le nord de l'Angleterre.
C'est à 300 kilomètres de Londres.
Oui, il y a beaucoup de distractions.
Il y a des cinémas, des restaurants, des discos et un théâtre.
Oui, j'aime beaucoup ma ville.

E 1 Où habites-tu?
2 C'est à quelle distance de Paris?
3 Est-ce qu'il y a beaucoup de distractions?
4 Aimes-tu ta ville? or Ça te plaît ta ville?
5 Combien d'habitants y a-t-il?
6 Depuis quand y habites-tu?

F agréable; à la campagne; fermes; touristique; une forêt

G 1 27 000   **2** 157 kilometres
3 (a) zone industrielle (b) centre commercial
4 Place de la Libération   **5** It's modern and elegant.
6 The Forest of Crécy is 15 kilometres away and the Forest of Eu is
30 kilometres away.

15 Finding the way

A 1 E   **2** D   **3** A   **4** C   **5** H   **6** L   **7** K   **8** G   **9** I   **10** J
11 B   **12** F

B 1 B   **2** L   **3** E   **4** G   **5** N   **6** C   **7** I   **8** O   **9** H   **10** D
11 A   **12** J   **13** M   **14** F   **15** K

C 1 The church – l'église   **2** Boulevard Fernand Moureaux
3 La gare – the station

D Excusez-moi Monsieur.
Pour aller à la gare s'il vous plaît?
C'est loin?
Je n'ai pas compris. Voulez-vous répéter plus
lentement s'il vous plaît?
Oui, à pied.
Est-ce qu'il y a une banque près d'ici?
Merci beaucoup Monsieur.

E Tournez à droite et puis c'est à votre gauche
Non, ce n'est pas loin, deux minutes à pied.
Prenez la deuxième rue à gauche et continuez tout droit.

16 Transport

A 1 E 2 A 3 F 4 B 5 D 6 C 7 H 8 J 9 G 10 I

B 1 Au bureau de renseignements
2 Le prochain train/le train d'après.
3 Une affiche
4 Aller simple ou aller-retour?
5 Il faut changer
6 Au premier arrêt
7 La correspondance
8 Au guichet
9 Bon voyage

C 1 What time the next train for Grenoble leaves.
2 No.
3 Return ticket to Grenoble second class.
4 No, he has to change.
5 Where he should buy his ticket.

D 1 Bonjour Monsieur.
2 Je voudrais un aller simple pour Paris s'il vous plaît.
3 Ça coûte combien?
4 À quelle heure part le train?
5 Le train part de quel quai?
6 C'est direct?
7 Merci Monsieur.

E Bonjour Monsieur
Je voudrais un billet pour Arles, deuxième classe.
Un aller-retour. Ça coûte combien?
À quelle heure arrive-t-il à Arles?
Il faut changer?
Le train part de quel quai?
Merci Monsieur et au revoir.

F Bonjour Monsieur. Je voudrais réserver une place dans le train pour Paris.
Je voudrais prendre le train vendredi à 18 heures. *no le,*
Deux personnes, première classe.
Merci Monsieur.

G 1 o 2 t 3 e 4 q 5 a 6 r 7 b 8 j 9 h 10 k 11 p
12 u 13 m 14 c 15 s 16 d 17 f 18 l 19 g 20 i 21 n

H 1 From Trouville/Deauville to Canapville St Martin
2 12/6/84 to 11/8/84 3 Stamp it in the machine (composteur)
4 second class 5 one adult 6 No 7 3 francs 70 centimes

I SNCF – (National Society of) French Railways

J 1 Yes; No; Yes
2 145 francs
3 50 per cent
4 From Monday 12.00 to Friday 14.59 and Saturday 12.00 to Sunday 14.59
5 1 June to 30 September
6 Yes; yes
7 Paris suburbs
8 A free couchette; 50 per cent reduction on the Dieppe to Newhaven Ferry
9 A means of identification and a photo

K 1 It's cheaper
2 100 francs
3 Yes
4 What line is it for Bastille?
5 At the Gare de Lyon
6 Pont de Neuilly
7 A metro map

L 1 À la station du métro
2 Un tarif unique
3 Un ticket
4 Un carnet de 10 tickets
5 Moins cher
6 D'accord
7 Votre monnaie
8 Pour aller à Bastille, c'est quelle ligne?
9 La correspondance pour Bastille
10 Un plan du métro
11 C'est quelle station pour le Louvre?
12 Prenez la direction Pont de Neuilly
13 Descendez à Louvre

M 1 Je voudrais un carnet de 10 tickets s'il vous plaît.
2 Je voudrais un ticket.
3 C'est quelle ligne pour la Gare de l'Est?
4 Est-ce qu'il faut changer?
5 Je voudrais un plan du métro s'il vous plaît.
6 C'est quelle station pour Notre-Dame?
7 C'est quelle direction pour Montmartre?
8 La correspondance pour Château de Vincennes.
9 Où est-ce qu'il faut descendre?
10 Où est la station du métro?

N 1 K   2 F   3 C   4 A   5 H   6 G   7 D   8 E   9 I   10 B
11 L   12 J

O **1** 418 francs **2** 464 francs **3** Nothing. It's free **4** 260 francs
5 At the Green bus kiosks in Caen, Lisieux and Deauville. At
Brittany Ferries in Ouistreham. At a travel agents. **6** 22.10
7 The bus station **8** 6.00 **9** 6.50 and 22.10
10 Yes. 6.50 and 22.10

P **1** 624 francs **2** Nothing **3** 1414 francs **4** 500 francs

Q **1** Full tank **2** 4 star **3** At the cash desk **4** Can he check the
oil

R Je voudrais 20 litres de super s'il vous plaît.
Est-ce que vous pouvez vérifier la pression des pneus s'il vous plaît?
Je voudrais une carte routière et deux litres d'huile.
Pour aller au Mans s'il vous plaît?

S **1** 130 kilometres; 60 kilometres
2 Any day except Saturday **3** 2 francs **4** Don't park here
5 Turn on your lights **6** Car hire **7** Toll booth
8–11 (a) 9 A 10   (b) 10 N 137 (c) 11 D 10 (d) 8 E 4

17 Banks and money

A **1** Deux francs vingt
2 Trois francs
3 Un franc trente
4 Vingt francs cinquante
5 Sept francs dix
6 Cinquante-cinq francs
7 Quarante et un francs soixante
8 Deux cent cinquante francs
9 Cinq cents francs
10 Dix centimes

B **1** mes **2** votre **3** ton **4** votre **5** leur **6** son **7** ton
8 sa **9** leurs **10** ses **11** nos **12** mon

C **1** Pierre says he does; John thinks he doesn't.
2 Pierre buys chocolate and records. John buys clothes, sweets,
records, books.
3 To buy a bike

D **1** Tu reçois combien d'argent de poche par semaine?
2 C'est assez.
3 Ce n'est pas assez.
4 Je le dépense tout.
5 J'aime faire des économies.

E **1** What counter is it for the exchange office?
2 A form of identity
3 Traveller's cheques
4 £20
5 £1 = 10 F 20
6 To the cash desk

F 1 Est-ce qu'il y a une banque près d'ici?
2 Où est le bureau de change? or C'est quel guichet pour le bureau de change?
3 Quel est le cours du change aujourd'hui?
4 Je voudrais changer un billet de 100 francs en livres.
5 Je voudrais changer des chèques de voyage.

G Bonjour Monsieur. C'est quel guichet pour le bureau de change s'il vous plaît?
Je voudrais changer des chèques de voyage.
Vingt livres en argent français.
Oui, j'ai mon passeport.
Je voudrais de la monnaie; dix pièces d'un franc.

H Pardon Monsieur.
Avez-vous de la monnaie? Je n'ai qu'un billet de cinquante francs.
La banque est fermée.
Au revoir et merci Monsieur.

18 The Post Office

A 1 Ten stamps for postcards and two stamps for letters for England.
2 2 F 20; 2 F 50
3 A parcel to Germany.
4 A customs form stating the value, contents and weight of his parcel.
5 17 F 80
6 50 francs
7 5 F 20
8 Where to post his cards
9 There's a letter box in front of the Post Office.

B
Pardon } Monsieur } Où se trouve la Poste s'il vous plaît?
Excusez-moi } Madame }
C'est loin?
Oui.
Merci Monsieur/Madame.

C Bonjour Madame
Je voudrais acheter des timbres.
Je voudrais trois timbres pour cartes postales pour l'Angleterre et deux timbres pour lettres pour les États-Unis.
Oui, par avion.
Je voudrais envoyer un colis.
Je n'ai qu'un billet de 100 francs.
Au revoir et merci Madame.

D 1 Send postcards to your friends.
2 Station Square
3 7.45–12.00 and 14.00–18.00. Saturdays 7.45–11.00
4 35 25 05
5 Sundays and public holidays
6 110
7 3 F 60
8 25/7/86 from the Haute-Savoie
9 Je suis arrivé(e) à Paris.
10 L'avion est arrivé en retard.
11 Je n'ai plus d'argent.
12 J'aime beaucoup la France.
13 J'arriverai (or je vais arriver) à Montpellier à 18 heures à la gare.
14 Je prendrai (or je vais prendre) le car. Il arrivera (or il va arriver) à 20 h 30.

E 1 E   **2** F   **3** C   **4** A   **5** D   **6** B

F 1 Pouvez-vous m'expliquer comment . . . ?
2 Oui volontiers
3 Composer le numéro
4 Il faut composer le 19
5 Le code pour la Grande-Bretagne
6 Je crois
7 Le numéro de votre correspondant
8 Je vais essayer

G 1 On peut téléphoner d'ici?
2 Où est la cabine téléphonique la plus proche s'il vous plaît?
3 Je peux parler à M. Savary?
4 Ici M Boulanger.
5 Ne quittez pas.

19 Shopping

A 1 C'est la boulangerie.
2 C'est la confiserie.
3 C'est la charcuterie.
4 C'est la librairie-papeterie.
5 C'est la pharmacie.
6 C'est le tabac.

B 1 C   **2** D   **3** A   **4** E   **5** B   **6** F

C 1 D   **2** A   **3** E   **4** B   **5** C

D 1 Je voudrais deux kilos de pêches s.v.p.
2 Je voudrais un litre de lait s.v.p

3 Je voudrais une paire de chaussures s.v.p.
4 Je voudrais 250 grammes de fromage s.v.p.
5 Je voudrais trois tranches de jambon s.v.p.
6 Je voudrais une douzaine d'oeufs s.v.p.
7 Je voudrais un demi-kilo d'abricots s.v.p.
8 Je voudrais une boîte de pêches s.v.p.
9 Je voudrais une bouteille de vin s.v.p.
10 Je voudrais un paquet de sucre s.v.p.
11 Je voudrais un pot de confiture s.v.p.
12 Je voudrais un morceau de fromage s.v.p.

E 1 What sort of fruit they have
2 Apples, pears, apricots, bananas
3 They are too expensive
4 It's too small
5 62 francs

F 1 C'est à qui?
2 C'est à moi.
3 D'accord. J'en prends un demi-kilo.
4 Et avec ça?
5 J'ai aussi besoin de carottes.
6 Ce sera tout.
7 Ce n'est pas grave.

G 1 Qu'est-ce que vous avez comme légumes?
2 Je voudrais un kilo de carottes et un demi-kilo de choux.
3 Est-ce que vous avez des haricots verts?
4 C'est combien les pommes?
5 C'est trop cher.
6 Je prends des oignons.
7 Donnez-moi 2 kilos d'oignons s.v.p.
8 Ça fait combien?
9 Je n'ai qu'un billet de cinquante francs.
10 C'est tout.

H 1 I **2** G **3** D **4** A **5** B **6** F **7** H **8** C **9** E

I Excusez-moi Madame. Je cherche du beurre.
Je cherche aussi de l'eau minérale.
Où est-ce qu'il faut payer?

Bonjour Madame.
Voilà 50 francs. Est-ce qu'il y a une boulangerie près d'ici?
Merci beaucoup Madame. Puis-j'avoir un reçu?

J 1 Superval **2** Monday 13.00–19.00; Tuesday–Friday 9.00–
19.00; Saturday 8.00–17.00 **3** It's free **4** Pork, sausage, chicken

5 12 F 95 for 24 eggs   **6** 12 pots of 100 grams   **7** Cauliflowers
8 23 F 80   **9** Spain   **10** 15 March

K 1 It's too big
2 The same jumper in red
3 Tights
4 In the shoe shop next door

L 1 Un peu plus petit
2 Trop grand
3 Nous l'avons en bleu
4 Je voudrais l'essayer
5 Où sont les cabines d'essayage?
6 Je vais réflechir
7 Où pourrais-j'en trouver?

M 1 Est-ce que vous avez ce T-shirt en vert?
2 Je préfère le bleu.
3 Je voudrais essayer le rouge.
4 C'est trop petit.
5 Est-ce que vous vendez des chaussures?
6 Je cherche un chapeau noir.

N 1 E **2** H **3** L **4** K **5** I **6** C **7** B **8** A **9** J **10** F
11 D **12** G

O 1 T-shirts and pullovers
2 Five
3 70 per cent; 359 francs
4 A shirt; 119 francs
5 (a) 38–48   (b) 36–52
6 60 per cent wool, 40 per cent polyester
7 Sandals; leather; 55 francs; 36–41.
8 Sunglasses; black, white, fuchsia, blue.

20 Food and drink

A 1 Bread, butter, jam, coffee or hot chocolate. Croissants on
Sundays
2 Starter, meat with vegetables, rice or pasta, cheese, dessert
3 Drink and a pastry or slice of bread and butter
4 Soup, meat and vegetables, salad, cheese, dessert, mineral water

B 1 Near the window
2 The meal of the day
3 Well done
4 Bottle of red wine and some water

5 A fork and some salt
6 Soup, chicken, chocolate ice cream, coffee

C 1 Avez-vous une table pour quatre personnes?
2 Garçon!
3 Je voudrais le menu à 55 francs s.v.p.
4 Il manque un couteau.
5 On peut avoir du pain s.v.p.?
6 Le repas était excellent.
7 Je prends une tarte aux pommes.
8 On peut avoir l'addition s.v.p.?

D Le menu s'il vous plaît.
Je voudrais une salade de tomates, du poulet et frites, ensuite du fromage, ensuite mousse au chocolat.
Je voudrais de l'eau minérale.
Oui, le repas était excellent.
Merci, mais je voudrais un dessert.
Je voudrais une glace à la fraise.
Garçon, je voudrais un café s'il vous plaît.
On peut avoir l'addition s.v.p.

E 1 450
2 Hot or cold chocolate and a pastry. 18 F 40
3 Egg mayonnaise or tomato salad; roast pork or cold chicken and chips; cheese; fruit or instant whip.
4 36 F 90; sausage, beefburger, chips, fruit or instant whip.
5 Menu No 4
6 No 2
7 Oeufs durs mayonnaise; salade de tomatoes; jambon; saucisson; poulet; rôti de porc; boeuf; frites; riz; salade; fromage; glace
8 Yes
9 Coach drivers
10 Je voudrais le menu à quarante francs cinquante s.v.p.
Je prends une salade de tomates, ensuite rôti de porc et frites, un fromage et un fruit
Je voudrais aussi un coca.

F 1 J'ai faim.
2 Qu'est-ce que tu prends?
3 un croque-monsieur
4 Tu veux essayer?
5 Volontiers.
6 un sandwich au fromage
7 un sandwich au jambon

G 1 Je voudrais un coca s'il vous plaît.
2 Je voudrais deux cafés s.v.p.

3 Je voudrais un chocolat chaud.
4 C'est combien?
5 Est-ce que vous avez des croques-monsieurs?
6 Bon appétit.
7 Je voudrais un sandwich au jambon s.v.p.
8 Je voudrais deux sandwichs au fromage s.v.p.

H 1 4
2 Le Vieux Normand and La Vieille Auberge.
3 Restaurant de l'Aéroport and La Vieille Auberge.
4 Le Vieux Normand, Restaurant de l'Aéroport, La Vieille Auberge.
5 Le Vieux Normand.
6 La Vieille Auberge.
7 Restaurant de l'Aéroport.
8 Le Grand Monarque.
9 Le Grand Monarque.
10 It's in the town centre of Donzy, at 10 rue de l'Étape. Near the church.

21 Health

A 1 D **2** G **3** F **4** C **5** A **6** B **7** H **8** E **9** J **10** I
B 1 She's got a cold and sore throat.
2 Throat lozenges and some elastoplast.
3 (a) Vous toussez?
   (b) J'ai mal à la gorge.
   (c) des médicaments
   (d) Ces pastilles sont très bonnes.
   (e) J'ai presque oublié.

C 1 Qu'est-ce qui ne vas pas?
2 J'ai mal partout.
3 Je ne me sens pas bien du tout.
4 Depuis quand souffrez-vous?
5 Je suis malade depuis trois jours.
6 Ça ne va pas mieux.
7 Ouvrez la bouche.
8 Vous avez la grippe.
9 Restez au lit pendant deux jours.
10 Ça ira mieux dans un ou deux jours.

D 1 Is there an appointment for that day?
2 He's had toothache since 22.00 the previous day.
3 11.30
4 A filling with injection

5 (a) un rendez-vous
  (b) C'est urgent.
  (c) J'ai mal aux dents depuis hier.
  (d) un plombage
  (e) Ça ira mieux dans quelques minutes.

E 1 J'ai mal à la tête et au ventre.
 2 Je suis très fatigué.
 3 La jambe me fait mal.
 4 Où est la pharmacie?
 5 J'ai mal aux dents.
 6 J'ai peur.
 7 C'est grave?
 8 J'ai une ordonnance.
 9 Avez-vous quelque chose contre la grippe s.v.p?
10 C'est combien ce médicament s.v.p?
11 Il faut prendre ce médicament pendant combien de temps?

F J'ai mal au ventre depuis trois jours.
Non, mais je ne peux pas dormir.
Où est la pharmacie la plus proche s.v.p?
Merci Monsieur.

Bonjour Madame. Avez-vous quelque chose pour un rhume?
Il faut prendre ce sirop pendant combien de temps?
Non, je n'ai pas mal à la gorge.
Voilà 50 francs. Merci Madame.

G 1 Dr Georges Senaldi,
les Périades, Place de la Gare, Villars sur Ollon
2 Station Square
3 14 April 1982
4 12 April
5 Skiing
6 He's broken his right ankle.
7 4–6 weeks

22 Lost property, police, customs

A 1 In the 20.00 train from Paris the evening before.
2 It's brown, leather and quite big. Her name is on it.
3 Keys, money, passport, a book
4 She goes to the police station and comes back tomorrow.
5 (a) Je dois noter les détails.
  (b) Mon nom est marqué dessus.
  (c) Qu'est-ce qu'il y avait là-dedans?

(d) Je suis désolé, nous ne l'avons pas.
(e) Il faut aller au commissariat de police.
(f) Revenez demain.

B J'ai perdu mon appareil-photo. Est-ce que vous l'avez?
Il est noir et grand et mon nom est marqué dessus.
Je m'appelle . . . et je l'ai laissé au guichet je crois.

Mon portefeuille a disparu.
Ce matin.
Il est rouge et en cuir. Il y avait 250 francs là-dedans.
Où se trouve le commissariat s'il vous plaît?
Merci Monsieur.

C 1 On 9 June, in the 10.30 train from Paris to Calais in a 1st-class compartment.
2 It's gold, valuable and has the letters DS on it.
3 Je vous serais très reconnaissante de faire les recherches nécessaires.

D

Monsieur le Directeur   Your address
Bureau des Objets Trouvés
Avignon
France   The date

Monsieur,
    Le 16 juillet j'ai perdu mon sac. Je crois que je l'ai laissé dans le train de 10 heures de Nîmes. Le sac est blanc, en cuir, et assez vieux. Il y a trois livres, des clés, un parapluie et mon portefeuille là-dedans. La valeur est de 350 francs. Si vous l'avez mon correspondant français ira le chercher au bureau des objets trouvés.
    Je vous remercie d'avance.
    Veuillez agréer, Monsieur, l'expression de mes sentiments distingués,
                              Your signature

E 1 Où se trouve le ⎫
       Où est   le ⎬ poste de police? ⎫ s.v.p.
       Pour aller   au ⎭ commissariat?   ⎭
2 Je voudrais vous signaler la perte de ma montre.
3 Pouvez-vous m'aider?

F 1 A bike, a moped and a light motorcycle
2 Yes; a Permis A for a light motorcycle
3 Yes, for moped and light motorcycle
4 A means of identification

5 The owner's name and address
6 The driver of a moped; the driver and passengers of motorcycles
7 Motorways

G 1 de l'alcool
2 Ce sont mes affaires personnelles
3 un flacon de parfum

H 1 cigarettes, alcohol and presents
2 Presents for her family: a watch for her father, a bottle of
perfume for her mother, chocolate for her sister.
3 two weeks

I 1 Je n'ai rien à déclarer.
2 Je n'ai qu'une valise.
3 J'ai acheté des cadeaux.
4 Mon correspondant m'a donné deux bouteilles de vin.
5 J'ai passé une semaine à Paris.

23 Language

1 Je ne comprends pas le mot 'météo'.
2 Qu'est-ce que c'est en anglais?
3 Qu'est-ce que ça veut dire 'autocar'?
4 Pouvez-vous répéter s.v.p.
5 Pouvez-vous parler plus lentement s.v.p.
6 Il a expliqué mais je n'ai pas compris.
7 Comment ça s'écrit?
8 J'apprends le français depuis trois ans.
9 J'ai oublié le mot pour ça.
10 Je ne sais pas le français pour ça.

Examinations are the most important element in GCSE assessment.
The following hints are designed to help you do your best in them.

Make sure that you know:
- The day and time of each exam
- How long each exam lasts
- Whether it is a reading, writing, listening or oral exam
- What type of questions there are and how many you must answer.
  (This depends on what examination group's syllabus your school is
  following)
- How long you should spend on each question.

Make sure that you:
- Read all the instructions carefully
- Look through the paper before you start
- Read each question carefully before attempting your answer
  The questions are likely to be graded in order of difficulty, with the
  easier questions first. Bear this in mind when deciding how much
  time to spend on each question.

Listening examination
- Make good use of the time between the playing of the tape – either
  study the questions or reread what you have written
- Remember, you may make notes while listening to the tape but
  write out your answers during the pauses
- Do not waste time writing full sentences if phrases or single words
  will do
- Never write out the question as this wastes time
- Don't worry if you cannot understand every word of the listening
  comprehension and reading comprehension
- Try to answer every question giving as much relevant information
  as possible.

Oral
- Even if you have difficulty with this part of the exam try to give
  the impression that you enjoy speaking French.
- In response to examiner's questions, say as much as possible
  avoiding a simple 'yes' or 'no' at all costs; the less the examiner has
  to say the better.
- When preparing your role-play practise talking aloud to yourself
- If you cannot remember a word give the nearest equivalent to it
- Avoid English words at all times; just work to the limits of your
  French
- You may find that you need to lie in order to speak correct French!